필리핀

PHILIPPINES

필리핀

PHILIPPINES

그레이엄과 이본 콜린-존스, 조르즈 모하로 지음 | 한성회 옮김

세계의 **풍습과 문화**가
궁금한 이들을 위한
필수 안내서

시그마북스
Sigma Books

세계 문화 여행 _ 필리핀

발행일 2022년 7월 5일 초판 1쇄 발행
지은이 그레이엄과 이본 콜린-존스, 조르즈 모하로
옮긴이 한성희
발행인 강학경
발행처 시그마북스
마케팅 정제용
에디터 최연정, 최윤정
디자인 김문배, 강경희

등록번호 제10-965호
주소 서울특별시 영등포구 양평로 22길 21 선유도코오롱디지털타워 A402호
전자우편 sigmabooks@spress.co.kr
홈페이지 http://www.sigmabooks.co.kr
전화 (02) 2062-5288~9
팩시밀리 (02) 323-4197
ISBN 979-11-6862-051-3 (04900)
　　　　 978-89-8445-911-3 (세트)

CULTURE SMART! PHILIPPINES

Cover image: Fisherman in his boat on turquoise sea. © Shutterstock.
Shutterstock.com: pages 14 by Rolands Varsbergs; 17 by Alana Harris; 60 by SweetRiver; 62 by pixelheadphoto digitalskillet; 63 by Gio Puyat; 80, 93, 97, 98, 240 by Kobby Dagan; 82 by Neco_ninja; 85 by Antonio V. Oquias; 86 by at.rma; 91, 111, 118, 126, 148, 154, 218 by junpinzon; 95 by olived; 114 by Marloujoe; 121 by Michael D Edwards; 142 by joyfull; 143 by View Apart; 150 by Frolova_Elena; 155 by Brent Hofacker; 157 by vibrantlyhue; 164 by Al.geba; 172 by Eva Mont.
Unsplash: 20 by Jayzel Florendo; 73 by Deb Dowd; 140 by Joyce Marie Cantrell; 160 by Roberto Jr Saldana; 169 by Kaspars Upmanis; 171 by SJ Baren; 192 by JC Gellidon.
Pixabay.com: page 104 by jeffbalbalosa.
Flickr: pages 154 by Brian Evans; 131 by george ruiz; 213 by IAEA Imagebank.
Creative Commons Attribution-Share Alike 3.0 Unported license: page 5 © TUBS; 30 © Alienscream.

필리핀 전도

남중국해

시에라마드레산맥

바기오 · 루손섬

필리핀해

앙헬레스 · 케손시티
마닐라 ·

코레히도르섬

카탄두아네스섬

민도로섬

마스바테섬 사마르섬

파나이섬

레이테섬

일로일로 · 바콜로드 · 세부 시티

비사야 제도

세부
보홀섬

팔라완섬 · 푸에르토프린세사

네그로스섬

술루해

민다나오섬

· 삼보앙가

· 다바오

술루 제도

세레베스해

차   례

필리핀은 7,600개의 섬으로 이뤄진 군도로 아시아에서 가장 서구화된 나라다. 하지만 현실적으로 복잡한 필리핀인의 삶은 외국 관광객에게 잘 보이지 않는다. 많은 필리핀인은 집과 가족과 멀리 떨어져서 해외에서 일하는데, 해외에서 일하는 필리핀인은 그들 가족뿐만 아니라 필리핀과 국제적으로도 아주 중요하다. 비즈니스는 서양에서 했던 것처럼 완전히 똑같은 방식으로 이뤄지지 않는다. 관광객이 오해할 만한 사회적 상황과 행동 방식은 당연히 존재한다.

　필리핀은 독특한 식민지 역사를 지니고 있다. 필리핀 주민들이, "수녀원에서 300년을, 할리우드에서 50년을"이라고 묘사하듯이, 300년 이상 스페인의 지배를 받았고 50년 동안 미국의 지배를 받았다. 그 결과 서양의 일부 종교가 굳건히 자리를 잡아서 널리 퍼져 있다. 필리핀인은 85%가 로마 가톨릭교를 믿고, 민주적으로 정부를 선출하며, 언론의 자유와 교육을 중히 여긴다.

하지만 겉으로 보이는 서양 영향의 밑바탕에는 아시아인의 정신이 깔려 있다. 필리핀인은 동서양의 조화가 미묘해서 때로는 이해하기 힘들지만, 다른 아시아 사람들과 많은 가치와 태도를 공유한다. 마닐라에 있는 대부분의 영어 간판과 패스트푸드, 팝 음악, 부유한 변호사가 허울뿐이라는 것을 알아차리지 못한 외국인은 얼마 지나지 않아 실수를 저질러서 오랫동안 영향을 받을 수 있다.

지난 15년간 상당히 발전해서 부자도 있더라도, 많은 사람이 아주 가난하게 살고 있다. 지금은 비즈니스 과정의 아웃소싱 산업 덕분에 중산층이 늘어나고 있다. 『세계 문화 여행_필리핀』에서는 그로 말미암은 사회적, 경제적, 정치적 문제를 살펴본다. 필리핀 사람들은 물질적인 면에서 부족한 면이 있긴 하지만 놀라운 회복력을 보여준다. 필리핀인들은 따뜻하고 매력적이고 반갑게 맞이해준다. 혼잡한 차량 정체와 뜨거운 마닐라 더위를 넘어서면, 마음이 넓은 관광객이 풍부한 경험을 통해 충분히 즐기면서 감탄할 만한 것이 필리핀에는 많다.

『세계 문화 여행_필리핀』에는 여러 가지 다양한 상황에서 어떻게 행동하고 뭘 해야 할지에 관한 충고와 사례 연구와 진짜 이야기가 담겨 있다. 처음 방문한 관광객과 장기 체류하는 외국인 근로자들은 필리핀 사회와 비즈니스 생활에 관한 실용적인 정보와 핵심적인 통찰력을 많이 알게 되므로, 독특하고 흥미로운 필리핀에서 아주 알찬 시간을 보낼 수 있을 것이다.

기본 정보

공식 명칭	필리핀 공화국	필리핀은 아시아태평양 경제협력체(APEC)와 동남아시아 국가연합에 가입
수도	마닐라(루손섬에 위치)	필리핀의 행정수도인 메트로마닐라(NCR)에는 약 1,400만 명의 인구가 거주
주요 도시	바기오(루손섬), 세부(비사야 제도), 다바오(민다나오섬)	
면적	300,000km²(한반도의 약 1.3배)	7,641개 섬
기후	일 평균 최고 기온이 32℃도로 열대성 기후	3월~5월의 여름은 일 평균 최대 기온이 33~35℃인 건기
지형	주로 좁거나 광활한 해안 저지대가 있는 산악지대	해안선이 울퉁불퉁한 바위 절벽에서 백사장까지 다양
인구	약 1억 900만 명(2020년 기준)	평균 연령은 약 25.7세
성인 문맹률	95% 이상	교육을 중히 여김
정부	대통령제(6년 단임), 1946년부터 세워진 필리핀 정부는 1987년에 현재 헌법을 반포함	상원 24석, 하원 303석
언어	필리핀어(공용어), 영어(제2언어)	그 밖의 언어: 세부아노어, 일롱고어, 일로카노어, 비콜라노어, 와라이어
종교	가톨릭교 약 85%, 이슬람교 5%, 개신교 5%, 기타 5%	
언론매체	필리핀어뿐만 아니라 영자 신문도 여러 개 발행됨	TV과 라디오는 두 언어로 방송함

경제	GDP 성장률 6%(2019년 기준), 1인당 GDP 3,200달러(미 달러)	
통화	필리핀 페소(PHP, P)	1달러=48.5페소(2020년 9월 기준)
전압	220V(대부분), 110V	전기 플러그는 보통 구멍이 2개이고, 특정한 경우에만 3구를 사용하므로 어댑터가 필요함
비디오/TV	베타맥스를 대체하는 NTSC 방식 VHS	
인터넷 도메인	.ph	
전화	국가번호 63	메트로마닐라 지역번호 2
시차	우리나라보다 1시간 늦음	

01

영토와 국민

필리핀은 화산 활동과 지질 구조 변화가 계속 일어났으며, 오늘날에도 여전히 200개의 활화산에서 일어나는 분출과 지진의 영향을 받기가 쉽다. 필리핀은 내륙에 있는 웅장한 산맥 지역과 울창한 열대우림, 비옥한 땅과 계곡, 구불구불한 해안선과 청록색의 바다로 둘러싸인 아름다운 바닷가 등 아름다운 자연이 많은 나라다.

지형

필리핀 군도는 남북으로 약 1,850km, 동서로 약 1,100km 뻗어 있으며 태평양과 남중국해 사이에 놓여 있다. 7,641개의 섬으로 이뤄져 있는데, 그중 2천 개의 섬에만 주민이 살고 있다. 섬 대부분은 아주 작으며, 정확한 섬의 개수는 조수와 해수면에 따라 달라진다. 따라서 필리핀은 국토 면적이 30만km^{2}이지만, 서태평양의 넓은 지역을 차지하며 전략적으로 북쪽의 대만과 남쪽의 보르네오섬 사이에 놓여 있다. 필리핀 섬들은 4개 지역으로 나뉘어 있다. 북쪽의 루손섬에는 수도인 마닐라가 있고, 서쪽으로는 팔라완섬이 있으며, 중앙에는 비사야 제도가 있고 남쪽에는 민다나오섬이 있다.

과학자들은 필리핀 군도가 약 6000만 년 전에 아시아 대륙에서 분리되었다고 믿는다. 화산 활동과 지질 구조 변화가 계속 일어났으며, 오늘날에도 여전히 200개의 활화산에서 발생하는 분출과 지진의 영향을 받기가 쉽다.

필리핀은 내륙에 있는 웅장한 산맥 지역과 울창한 열대우림, 비옥한 땅과 계곡, 구불구불한 해안선과 청록색의 바다로 둘러싸인 아름다운 바닷가 등 아름다운 자연이 많은 나라다.

기후

필리핀은 보통 세 계절이 뚜렷한 열대 기후다. 11월부터 2월까지는 건조하고 서늘하다. 서늘하다고 해도, 북유럽 사람들은 항상 덥다고 느껴질 정도다. 가장 추운 1월에도 마닐라의 낮 기온은 거의 23℃까지 떨어지지 않으며, 일 년 내내 바다에서 수영할 수 있다. 사실 크리스마스와 새해는 덥고 건조한 시기보다 사람들이 많지 않으면서도, 북유럽의 여름과 비슷한 날씨라서 바다에 가기에 가장 좋은 시기다. 루손섬의 산맥에 있는 바기오에 가면, 밤에는 기온이 10℃ 정도로 떨어져서 훨씬 춥다.

여름은 3~5월로 덥고, 건조하다. 바람에 먼지가 사방으로 날리는 3월 초에는 날씨가 갑자기 더워진다. 특히 기온이 35℃에 달하는 4월과 5월에 더위를 피하려면 에어컨이 꼭 필요해진다.

6~10월에는 덥고, 습한 날씨가 이어진다. 6~9월에는 여러 날에 걸쳐 폭우가 계속 쏟아져서 필리핀 전역에서 홍수가 일어날 수 있다. 대체로 10월까지는 이따금 초저녁에 천둥을 동반한 소나기가 내린다. 이 시기에는 보통 여름보다 덜 덥지만,

코론섬 코양안 호수의 풍경

더 습하다.

계절에 따라 지역적인 차이가 있다. 몬순(계절풍)이 우세한 남서지역에는 폭우가 동반되므로, 루손섬의 남동 해안지역이 우기에 더 건조하고 여름에 더 습할 수 있다.

환경

필리핀 정부와 영향력 있는 많은 사람들이 환경을 보호하려고 많은 노력을 기울이고 있지만, 안타깝게도 환경보호의 중요성과 가치는 아직 잘 받아들여지고 있지 않다. 필리핀인은 대체로 공공복리와 환경보다 자기 가족과 금전적 이익에 관심을 보인다. 또 마닐라에 있는 공장이 파시그강에 폐기물을 계속 방류하고 있어서 강물을 정화하려는 정부의 목표가 완전히 이뤄지지 못하고 있다.

지난 60년에 걸쳐 벌어진 대규모 벌목으로 본래 삼림 재배의 90% 이상이 파괴되었고, 그 결과 엄청난 피해를 준 산사태가 여러 차례 일어났다. 현재는 불법 벌목이 법으로 금지되었지만, 이를 시행하기에는 문제가 남아 있다.

필리핀의 아름다운 해변, 따뜻한 바다와 산호초는 주 수입원이 될 수 있지만, 지난 십년 동안 관광객의 수가 놀라울 정도로 증가했다. 하지만 1980년대 불법 조업으로 산호초가 일부 파괴되었다. 오늘날 어부들은 산호초 파괴가 장기적으로 자신들의 생계에 심각한 영향을 미친다는 점을 알고 있다. 비록 예전에 피해를 입기는 했지만, 필리핀 바다는 여전히 스쿠

버 다이빙을 하는 관광객에게 아름다운 장관을 선사하는 산호초가 펼쳐져 있고, 상어에서부터 쥐가오리와 듀공(바다소)에 이르기까지 다양한 해양생물을 보유하고 있다. 이는 앞으로 몇 년 동안 관광객을 꾸준히 끌어들일 것이다.

전반적으로 아름다운 바다와 울창한 숲 등 환경에 관심이 더 높아지고, 마닐라의 특정 지역에서는 쓰레기가 재활용되면서 교육 효과가 나타나기 시작하고 있다. 비정부기구[NGO]와 다른 단체는 이런 캠페인에서 선도적인 역할을 하고 있는데, 이런 방향으로 계속해서 진전되길 바란다.

자연재해

【 화산과 지진 】

1991년에 루손섬의 피나투보 화산이 분출해서 약 900명이 사망했다. 사망자는 주로 산비탈에서 라하르[lahar](화산 분출로 쌓인 화산쇄설물이 폭우 등의 인해 물과 뒤섞여 산 사면을 따라 빠르게 흘러내리는 현상-옮긴이)가 흘러내려 주변을 모조리 파괴하면서 발생했다. 6월 10일 월요일에 화산이 분출했을 때는 피나투보 화산이 마닐

필리핀에서 가장 위험한 활화산인 루손섬의 마욘산

라에서 160km 떨어져 있어서 주민들이 놀라지 않았지만, 토요일에는 엄청난 분출이 일어났다. 마닐라는 오후 4시 30분까지 어두컴컴했고, 화산재가 떨어지기 시작했다. 사람들이 마스크를 쓰라는 말에 각자 심각한 문제로 받아들인 점은 흥미로운 현상이었다. 마닐라 공항은 화산재가 비행기 엔진에 빨려 들어갈 위험이 있어서 활주로가 깨끗해질 때까지 3일 동안 공항을 폐쇄한다고 발표했다. 그로부터 30년 이상이 지났지만, 당시 부서진 가옥의 지붕 위까지 덮은 채 말라버린 라하르의 잔해를 통해 아직 화산 분출의 피해 현장을 목격할 수 있다. 매년 우기에는 더 많은 라하르가 산비탈에서 휩쓸려 내려와서 다리가 심하게 파괴된다. 다른 화산도 빈번하게 폭발 조짐을 보이는데, 특히 루손섬 남쪽의 마욘산은 폭발 위험이 크다.

또 다른 자연재해로는 1990년에 루손섬 북쪽에서 발생해서 1,600명 이상이 사망한 지진이 있다. 심지어 마닐라의 건물이 흔들리면서 균열이 생겼다. 마닐라는 지진 단층선이 도시를 관통하므로, 1995년 일본의 고베에서 지진이 일어난 이후로 고가도로를 지탱하는 기둥이 진동을 견딜 수 있도록 더욱 강화했다.

2020년 1월에 마닐라에서 남쪽으로 70km 떨어진 호수 안에 있는 타알 화산이 폭발했다. 타알 화산은 필리핀에서 가장 파괴적인 화산으로 알려져 있다. 폭발로 화산재 구름이 자욱하게 깔려서 호수 주변의 마을 주민들이 대비했으며, '메트로폴리탄 마닐라(흔히 '메트로마닐라'라 불리는데, 필리핀 수도인 마닐라를 비롯해, 마카티, 파사이 등 16개의 시를 포함한 수도권을 뜻함-옮긴이)' 주민들도 며칠 동안 창문을 꽉 닫고 에어컨도 켜지 못한 채 집에 머물거나 마스크를 써야만 했다. 마닐라에서 북쪽으로 200km나 떨어진 타를락까지 화산재가 떨어졌다. 가장 신뢰받는 기관인 필리핀 지진화산 연구소^{PHILVOLCS}는 지질학적 사건을 모니터링해서 주기적으로 업데이트한 지진 정보를 페이스북과 트위터에 발표한다.

【태풍】

매년 7~12월에는 30개 이상의 태풍이 필리핀을 지나간다. 태풍은 보통 민다나오나 팔라완의 남쪽 섬에 영향을 미치지 않지만, 종종 나머지 지역에 엄청난 피해를 끼친다. 태풍은 8월까지 대만과 일본을 향해 북쪽으로 이동하는 편인데, 가끔 카가얀 지방과 루손섬의 북쪽에서 동떨어진 바타네스주 섬들을 지나가기도 한다.

9월부터 지나가는 태풍은 마닐라를 직접적으로 강타할 확률이 높아진다. 최신 태풍 정보를 확인하려면, 영어로 대부분 정보를 제공하는 필리핀 기상청^{PAGASA}의 웹사이트(http://www.pagasa.dost.gov.ph/)를 방문하면 된다. 태풍의 예상 경로가 가능해지다 보니 충분한 시간을 두고 태풍 경보가 발표된다. 따라서 피해 규모가 큰 태풍이 다가오면 '왈랑빠속^{walang pasok}'이라는 휴교령이 내려져서, 학교와 사무실이 문을 닫아 사람들은 안전하게 집으로 돌아갈 수 있다.

태풍은 송전선에 피해를 줘서 정전을 일으킬 수 있다. 태풍은 보통 국제적인 이름을 붙이지만, 태평양 북서부의 필리핀책임구역PAR에 들어오면 필리핀 이름으로 다시 짓는다. 2009년 9월에 대부분 메트로마닐라 지역이 완전히 잠겨버린 온도이Ondoy와 2013년 11월에 주로 레이테섬과 파나이섬 북쪽에서 수천 명이 사망한 요란다Yolanda는 최근 몇 년 동안 필리핀을 강타한 태풍 중에서 가장 피해가 컸다. 온도이의 국제명은 켓사나Ketsana였으며, 요란다는 하이옌Haiyan이었다.

필리핀인은 태풍과 다른 자연재해를 '바할라나Bahala na'라고 받아들이는데, 이는 "신에게 맡겨라" 또는 "신이 우리에게 그렇게 하겠다면, 그렇게 둬라"라는 뜻이다(72쪽 참조). 필리핀인은 집이 부서지고 농작물이 망가지고 사회 기반 시설에 엄청난 피해를 입더라고 스스로 추스르고 다시 시작하는 놀라운 능력을 갖추고 있다. 필리핀 사람들의 회복력은 놀라울 따름이다.

역사

필리핀 문화를 이해하려면 역사를 어느 정도 알아두는 편이 좋다. 필리핀 역사를 보면 침략자와 이민자가 연이어 급증했는데, 이것이 필리핀인의 사고방식을 형성하는 데 영향을 끼쳤다.

필리핀 사람은 민족과 종교에 차이가 있어도 스페인 정복 이전에 관계를 중요시했던 가치체계를 지금도 기본적으로 공유하고 있다. 이 점을 알아야 현대 필리핀 사람을 이해할 수 있다. 나중에 스페인과 미국이 강한 영향을 미쳤을지는 몰라도 필리핀인의 뿌리는 오스트로네시아다.

【 스페인 정복 이전 시대 】

2만 5천 년 전에 필리핀 군도에 도착한 원주민은 안다만 제도인, 말레이시아의 사망족과 다양한 뉴기니 부족과 연관된 아이타족이나 니그리토 종족이라는 것이 오랫동안 정설이었다. 그러나 최근 유전학 연구에 의하면 필리핀 원주민은 오스트로네시아 이웃과 혈통이 같은 것으로 드러났다. 원주민들은 시에라마드레산맥이나 이사벨라와 파나이 산맥처럼 멀리 떨어진 지역에 많이 흩어져 살았다. 특히 루손섬의 아이타족은 피나투보 화산 폭발로 조상 대대로 내려온 땅이 화산재와 라하르에 묻혀서 피해를 입었다.

아이타족 중 일부는 하찮은 인간을 다스리는 신이 있다고 믿지만 다른 아이타족은 정령을 숭배한다. 가장 강력한 신인 아포나말란Apo Namalyan을 믿는 피나투보의 아이타족은 필리핀 석유공사가 유전을 굴착한 것에 신이 격노해 피나투보 화산이 폭발했다고 주장한다.

초기 필리핀 원주민들은 모두 사냥과 채집을 했고, 고대 구비 서사시에 따르면 수트(보르네오와 자바섬)에서 왔다고 전해진다. 신석기 시대에는 기술과 간단한 도구가 발달하면서 숲이 개간되었고 농업이 시작되었다. 금속기 시대(기원전 200년~서기 700년)에는 도구가 더욱 발달해서 칼로 대나무를 잘라서 오두막과 집에서 쓰는 도구를 만들었다. 이런 형태의 칼인 '볼로bolo'는 아직도 시골 지역에서 흔하며 위험한 무기가 된다.

【 무역 시대 】

그 후 9세기부터 중국, 인도, 아라비아, 일본의 무역상들이 민도로섬의 북부 지역이나 민다나오섬 북동쪽의 부투안과 같은 곳을 찾아오기 시작했다. 중국의 도자기, 비단, 색색의 구슬, 황금, 상아는 티크(가구 재목), 라탄(등나무), 진주, 값비싼 조개껍데기와 같은 필리핀 숲과 바다에서 나는 물건과 거래되었다. 10~17세기에 중국을 다스렸던 송나라와 명나라 시대에 쓰였던 엄청난 양의 사발과 접시가 고고학 조사를 통해 필리핀에서 발굴되었다. 중국인들은 여러 세기 동안 필리핀과 계속 무역을 했고, 또한 필리핀으로 이주하기도 해서 오늘날 필리핀 굴지의 많은 사업가들이 중국계에 속한다.

아랍 무역상은 중국의 남부 항구에서 추방당한 후에 다른 경로를 찾던 10세기에 그 영향력이 커지기 시작했다. 이슬람은 14세기에 세력이 확산하기 시작했으며, 특히 남부 민다나오 섬과 술루 제도에서 두드러졌다.

【 스페인 식민지 】

1521년에 필리핀에 최초로 도착한 유럽인은 스페인이었다. 페르디난드 마젤란이 이끄는 원정대는 말루쿠(몰루카) 제도와 아주 값비싼 향신료를 거래하려고 태평양을 횡단하는 경로를 찾고 있었다. 스페인은 1494년에 체결된 토르데시야스 조약에 따라 자국의 선박이 포르투갈 해역(대서양과 인도양을 뜻함)을 지나갈 수 없었고, 말루쿠 제도가 포르투갈 세력권에 놓여 있었기 때문에 대체 항로가 필요했다. 마젤란은 막탄섬의 부족장인 라푸라푸에 의해 살해되었다. 이 유명한 사건은 후안 세바스티안 엘카노가 이끈 생존자 중의 한 명인 안토니오 피가페

타가 기록했다. 마젤란이 죽은 후에 지휘권을 맡은 엘카노는 최초로 세계 일주를 한 사람이 되었다.

스페인령 동인도제도의 초대 총독
미겔 로페스 데 레가스피

로아이사, 사베드라, 빌라로보스가 이끈 스페인 원정대는 뉴스페인(멕시코)에서부터 태평양을 세 번 이상 횡단했지만, 회항 경로를 찾지 못해 전부 실패했다. 미겔 로페스 데 레가스피는 1565년에 필리핀에 도착했을 때 정복이 아니라, 원주민과 평화로운 관계를 맺고 멕시코로 돌아가는 길을 찾으라는 임무만 받았었다. 처음에 후안 파블로 카리온이 제안하고, 아우구스티누스 수도사인 안드레스 데 우르다네타가 계획한 임무였다. 레가스피는 영구적인 스페인 식민지를 건설하라는 국왕의 두 번째 편지를 받고 나서야 정착하기에 안전한 지역을 찾기로 했다. 처음에는 세부에 정착하고서 파나이섬으로 옮긴 후에, 루손섬의 마닐라를 침략해서 스페인령 동인도 제도의 수도로 삼았다.

마닐라는 작은 만에 위치해서 방어하기 쉽고, '상글리'라는 중국인 커뮤니티가 있어서 이미 무역이 활발했다. 마닐라는 주변 지역인 라구나, 팜팡가, 삼발레스, 일로코스, 비콜, 카가얀 등이 잇달아 점령되면서 매우 빠르게 정복되었다. 유명한 고문서인 『복서 코덱스Boxer Codex(16세기에 필리핀에서 만든 스페인어 책-옮긴이)』에 의하면, 필리핀에서는 수천 명의 족장이 주기적으로 부족 간의 싸움을 벌이고 있었다. 이런 상황이었으니 스페인이 지역적 반목을 이용해 침략하기가 용이했다. 비콜과 카가얀 북부와 같은 일부 지역에서는 치열하게 싸웠지만, 많은 지역이 피를 흘리지 않고 스페인에 항복했다.

하지만 스페인은 필리핀을 완전히 정복한 적이 한 번도 없었다. 민다나오의 무슬림은 결코 무릎을 꿇지 않았으며, 코르디예라 산악지역에 사는 사람들은 선교사들이 시도했는데도 회유되지 않고 자유롭게 사는 쪽을 택했다. 사실 중부 민도로섬 내륙이나 시에라마드레산맥과 같은 산악 지역 사람들은 대체로 스페인 사람을 한 명도 보지 못했다. 스페인은 1600년 초에 마닐라를 최초의 국제도시로 만든 갈레온(15~17세기에 사용되던 스페인의 대형 범선-옮긴이) 무역을 중요시했고, 스페인 사람들은 마닐라를 중심으로 거주했기 때문이다. 19세기가 되어서야 세부, 일로일로, 비간, 타클로반과 같은 몇몇 해안 도시가 현대적으로 발전하기 시작했다. 더욱이 본국에서 멀리 떨어진 해외 식민지에 정착하려는 스페인 사람은 극소수였다. 그러므로 원주민들의 지배는 아우구스티누스 수도회, 프란치스코 수도회, 도미니크회, 예수회, 혁신 원시 회칙파^{Recollects}의 수도사가 있는지 없는지에 따라 크게 달라졌다.

【 교회의 역할 】

가톨릭교로 개종한다는 것은 스페인 국왕의 신하가 되어 적정한 세금을 내야 하고, 도로와 성벽 등을 짓는 정부 사업에 동원되어 40일간 일해야 한다는 뜻이었다. 가난한 사람들은 쌀로 세금을 내기도 했다. 처음 몇십 년 동안에는 탐욕스러운 군인이 학대와 수모를 가했는데, 수도사들은 원주민의 권리를 보호하고 스페인 왕의 착취를 맹렬히 비난하는 중요한 역할을 했다. 또한 팔라완의 따이따이와 롬블론에 있는 웅장한 요새에서 볼 수 있듯이, 수도사들은 노예를 찾으려는 무슬림의 습격대로부터 기독교 신자가 된 해안 마을의 주민들을 지켰다.

개종한 원주민들은 스페인 국민과 동등한 권한을 부여하는 '인도법^{Leyes de Indians}'의 적용을 받았지만, 이 법이 그들을 이용하

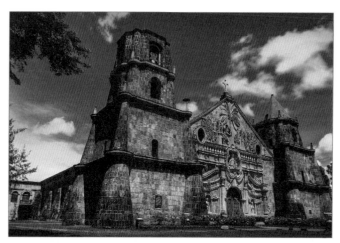
파나이섬 일로일로의 미아가오에 있는 18세기 요새 교회 성 도마 빌라노바 교구 성당

려는 파렴치한 관리를 막지는 못했다.

최초의 필리핀 책은 1593년에 목판에 새기는 중국식 기술로 인쇄되었으며, 1604년부터 인쇄기를 사용했다. 18세기 동안에는 대부분 종교, 언어, 역사, 신앙, 법률, 과학 작품이 3개의 인쇄기로 출판되었다.

필리핀 최초의 교육기관은 1595년에 예수회가 세운 산호세대학Colegio de San Jose이며, 1611년에 설립한 산토토마스대학교Universidad de Santo Tomas에는 현대 기준으로 봐도 굉장한 규모의 도서관이 있다. 수도사가 영향을 끼친 분야는 밭갈이용 가축 기르기와 현대식 관개 시설을 이용한 복음 전도뿐만이 아니었다. 수도사들은 비사야 제도에서 매우 흔했던 영아 살해 풍습을 중지시켰고, 공공사업 건설, 지역 분쟁 해결, 교회 관할에 속한 전 지역의 치안 유지를 책임졌다. 수도사들이 세운 바로크 양식의 장엄한 교회는 지진과 태풍을 견디도록 설계되었는데, 오늘날 세계 문화유산으로 지정되었다. 또한 수도사들은 현지 언어를 배우고 수백 개의 문법과 어휘를 출간했다.

【 발달: 도시화 및 국가 정체성의 성장 】

필리핀 영토는 1821년까지 멕시코 총독의 통치하에 놓여 있었다. 처음에는 스페인 법이 문화적으로 매우 다양한 필리핀 제도를 통합하는 데 일조했고, 마침내 공통의 정체성이 성장하면서 번성하기 시작했다. 자유주의 사상의 도래는 이미 19세기 초에 필리핀 엘리트층에 영향을 미쳤지만, 1872년 이후에서야 국가적 독립사상이 전개되었다.

　마닐라에서는 후안 페게로 신부가 1690년에 설계한 수로 시설 덕분에 식수를 사용할 수 있게 되었다. 최초의 우편 제도는 1767년에 만들어졌다. 계몽한 총독은 경제 개혁을 추진하고 필리핀 제품(로열 필리핀 회사)의 수출을 촉진했다. 최초의 신문은 1811년에 발간되었으며, 무료 공교육 제도가 1863년에 도입되었다. 1898년까지 필리핀에 있는 모든 학교의 수는 2,192개였다. 마닐라의 기상관측소는 1865년에 예수회가 설립했다. 1888년에는 공용 전차가 운행되기 시작했다. 1892년에 마닐라와 다구판 사이에 최초의 철도 노선이 개통되었다. 같은 해에 마닐라 주민들은 전기를 사용할 수 있었다. 스페인에 항상 적자를 안겨줬던 필리핀은 담배 생산의 효율성 덕분에 1890년대에 몇 년간 흑자를 낼 수 있었다. 마닐라는 아시아에 있는 아름다운 국제도시로 명성을 얻었고, 1700년대부터 흔히 동양의 진주로 알려졌다.

필리핀의 국민 영웅이자 작가이며 혁명가인 호세 리살

이렇게 되자 필리핀인은 당연히 스페인 사람과 동등하게 높은 수준의 자유, 자치, 법률을 요구했다. 이 때쯤 스페인은 필리핀 사람에게 영향을 미치는 식민지 지배력이 쇠퇴하고 있었다. 필리핀인은 여러 차례에 걸쳐 성직자 임명에 차

별대우를 받았었다. 필리핀 엘리트(일루스트라도스)는 마닐라보다 마드리드에서 규제를 덜 받으며 더 자유롭게 살 수 있다고 불평했다. 그들은 〈라 솔리다리다드 La Solidaridad(1890-1895)〉라는 자유주의 신문을 창간하고 그런 상황의 대부분을 수도사 탓으로 돌렸다. 1896년에 필리핀의 국민 영웅이자 국민 소설 『나에게 손대지 마라 Noli Me Tangere』의 저자 진보주의 지식인 호세 리살이 억울하게 반란, 선동, 음모 혐의로 부당하게 처형되었다. 그 무렵에 에밀리오 아기날도, 안드레스 보니파시오, 안토니오 루나 등이 이끄는 비밀결사 단체 카티푸난 Katipunan이 스페인에 선전포고했다. 스페인은 미국의 개입으로 1898년에 파리조약을 체결할 수밖에 없었고, 이에 따라 필리핀, 쿠바, 푸에르토리코를 미국에 매각했다.

【 미국 식민지 시대 】

필리핀인은 미국이 노예제도에 반대한다고 주장하더라도, 필리핀 주민과 함께 나라 전체를 샀다고 말하며 파리조약에 격분했다.

에밀리오 아기날도는 얼마 후 자신이 속았고 미국이 필리핀의 자치를 인정하지 않을 속셈임을 알아챘다. 아기날도는 말롤

필리핀의 초대 대통령 에밀리오 아기날도

로스 의회를 소집해서 헌법을 제정했고, 1899년 1월에 최초의 필리핀 공화국을 선언했다. 그리하여 1899년 2월 필리핀과 미국 간 전쟁이 시작되자, 군인과 민간인 사이에 수많은 유혈사태가 발생했다. 1901년 3월에 아기날도가 체포된 후에는 전쟁의 명분을 잃었지만, 게릴라전은 1903년까지 계속되었다. 그때쯤에는 미국의 지배에 계속 저항한 민다나오섬을 제외하곤 평화를 열망했다. 예를 들면 미국은 술루 제도에서 벌어진 제1차 버드 다조 전투에서 900명의 '모로족'을 학살했다.

미국은 평화가 확립되면서, 총독을 대표로 하는 제한된 형태의 지방 정부를 도입하고 교육과 보건 분야에 혁신을 가져왔다. 하지만 미국은 필리핀을 자기네 상품을 파는 시장으로 삼았고, 더 싸고 품질이 좋은 필리핀 설탕을 미국에서 수입하지 못하게 막았다. 마찬가지로 미국은 자신들을 '자유 수호자'

라고 주장하면서도 자신들의 식민지 지배에 위배되면 신문을 폐간시켰다. 예를 들어, 〈엘 레나시미엔토El Renacimiento('르네상스'라는 뜻-옮긴이)〉 신문이 사설에서 일부 식민지 관리를 '맹금류'라고 일컫자 1910년에 폐간시켰다. 〈리베르타스Libertas('자유의 여신'이라는 뜻-옮긴이)〉도 제1차 세계대전 중 독일 편을 들었던 1914년에 폐간되었다.

1930년대 초 대공황 여파로 많은 미국 정치인들은 농업을 포함해서 자국의 이익을 지키려고 했다. 미국이 필리핀에 너무 가혹한 식민지 조치를 취하자, 1934년에 마누엘 케손은 타이딩스-맥더피 법안Tydings-McDuffie Act을 협상하러 워싱턴으로 갔다. 이 법에 따라 새로운 필리핀 헌법이 제정되었으며, 10년 후에 필리핀이 완전히 독립할 목적으로 마누엘 케손을 꼭두각시 대통령으로 임명하며 과도기 연방 정부가 수립되었다.

미국은 스페인이 지배했던 때보다 훨씬 더 많은 필리핀인들이 훌륭하고 폭넓은 교육을 받도록 했다. 오늘날 영어가 필리핀 전역에서 널리 쓰이지만, 스페인어는 메스티소(스페인인과 북미 원주민의 피가 섞인 라틴 아메리카 사람-옮긴이)가 쓰는 언어로 남아 있다. 필리핀은 능숙한 영어 덕분에 해외의 많은 영어권 국가에서 일자리를 찾고 콜센터 산업이 번성할 수 있었다. 동시에 스페인어를 쓰지 않다 보니, 그 결과 필리핀인의 역사와 뿌리에 대한 연결고리가 끊어져 버렸다. 또한 필리핀은 미국의 발달한 의료로부터 혜택을 받았다. 미국이 위생을 개선하기 전까지는 천연두와 콜레라와 같은 질병이 심각한 문제가 되었다.

미국이 많은 개선을 도입했더라도 필리핀은 여전히 독립을 원했다. 필리핀의 언론인, 정치인, 지식인과 특히 스페인어를 쓰는 엘리트는 현재 상황을 받아들이지 않았으며 새로운 식민 세력의 남용과 차별을 비난했다.

오늘날 일부 필리핀 사람은 미국 여권이나 영주권을 갖고 있으며, 대다수 국민들은 미국에서 살기를 꿈꾼다. 반면에 일부 필리핀 사람들이 미국의 지속적인 영향력과 지배력에 분개하면서, 결국엔 1990년대에 미군 기지를 철거하기로 결정했다. 미국의 패스트푸드와 영화에 대한 인기는 미국 대사관 밖에서 벌이는 시위 빈도와 맞먹을 정도로 높다. 필리핀과 미국 간의 애증 관계는 계속되었다.

【 제2차 세계대전 】

연방 정부의 대통령인 마누엘 케손은 더글러스 맥아더 장군을 특별 고문으로 임명하며 필리핀 군대를 조직하기 시작했다.

하지만 맥아더는 일본의 군사 도발로 아시아-태평양 지역의 미군 사령관으로서 전시 근무에 소환되었다.

일본은 1941년 12월에 진주만을 공습한 직후에 곧바로 필리핀에 쳐들어왔다. 맥아더는 뛰어난 통솔력을 발휘했지만 결국 일본군이 이겼고 1942년 4월에 마닐라만과 남중국해 사이에 있는 바탄반도를 점령했다. 그러자 함께 싸웠던 미국과 필리핀 포로 7만 5천 명은 뜨거운 땡볕 아래서 90km 떨어진 포로수용소까지 '죽음의 행군Death March'을 하게 되었다. 그중에서 1만 명이 행군 도중에 죽었고, 추가로 2만 명이 영양실조와 질병으로 수용소에서 죽었다. 기성세대는 매년 행군을 추모하며 일본군이 저지른 잔혹한 행위를 결코 잊지 못한다.

미국과 필리핀 군대는 마닐라만의 코레히도르섬에서 최후의 순간까지 필사적으로 저항했고, 마지막 항복 직전에 맥아더 장군은 명령에 따라 필리핀이 보유한 금을 국외로 공수했다. 그때 필리핀 정부를 세운 마누엘 케손도 망명 중이었다. 방어군은 탄약이 떨어져서 일본군에 항복할 수밖에 없었다. 이 시기의 필리핀 역사를 이해하려면 코르히도르섬을 꼭 방문해야 한다.

일본이 점령하는 동안에, 필리핀 정부는 호세 라우렐을 수

반으로 제2공화국을 수립했지만, 필리핀 국민을 학대하는 일본의 괴뢰 정권에 불과했다. 대부분의 필리핀 엘리트는 여러 가지 이유로 일본군 밑에서 일했다. 일부 엘리트는 필리핀 사람들이 더 심한 취급을 받지 않도록 지켜주고 있다고 믿었다. 어떤 이들은 필리핀인에게 가장 중요한 가족을 지키려고 했으며, 어떤 이들은 개인적인 이익을 위해 일했다. 필리핀 민족주의가 동료 아시아인과의 연대로 발전할 거라고 믿은 사람도 일부 있었다. 어떤 이들은 오로지 동맹국에 정보를 전달하려고 일본군에 협력하기도 했다.

한편 미국인과 필리핀인으로 구성해서 일본군에 게릴라 공격을 감행한 저항 운동이 있었다. 게다가 농촌 지역에서는 가난한 농민들이 후크단 Huk(후크발라하프 Hukbalahap의 줄임말로 '항일인민 의용군'이란 뜻)을 조직해서 저항했다. 전쟁으로 100만 명이 넘는 필리핀이 사망한 것으로 추정된다.

맥아더는 워싱턴의 명령으로 필리핀을 떠날 당시에 "돌아오겠다"라는 유명한 말을 남겼다. 아니나 다를까 맥아더는 1944년 10월에 연합군 선두에서 레이테섬에 상륙했고, 1945년 2월에 필리핀은 해방되었다.

1944년 10월 20일 레이테섬에 세르히오 오스메냐 필리핀 대통령(왼쪽)과 함께 상륙하고 있는 맥아더 장군

필리핀 공화국

필리핀인은 해방되어서 기뻐했지만, 미국이 먼저 자신들을 지켜줄 수 없다는 사실을 알았다. 이에 필리핀은 독립 요구에 박차를 가했고, 1946년 7월 4일에 미국은 필리핀의 독립을 승인하고 장기임대로 군사 기지와 해군 기지를 유지하고 있다.

독립한 필리핀의 초대 대통령은 노령의 세르히오 오스메냐와 마누엘 로하스 중에서 선택해야 했다. 세르히오 오스메냐는 맥아더와 망명 생활에서 돌아온 연방 정부의 대통령이었고, 마누엘 로하스는 전쟁 초기에 친일 정부에서 일하다 나중에 연합군에 합류했었다. 고령의 오스메냐는 선거운동을 열심히 하지 못했다. 1946년 7월 4일에 로하스가 대통령으로 선출되면서 필리핀의 제3공화국이 수립되었다.

전쟁으로 아주 많은 곳이 파괴되고 폐허가 되어서 재건해야 할 것이 많았다. 하지만 만연한 뇌물과 부패가 재건 과정에 영향을 끼쳤다. 또한 일본에 저항한 애국자들은 친일파에 비해 우대를 받지 못해서 크게 분노했다.

부유한 지주는 대체로 일본인에게 협조했지만 가난한 소작인들은 후크단의 저항 운동에 가담했다. 따라서 전쟁 후에 소작인들은 더 이상 지주를 지킬 필요가 없어 착취에 저항했다. 후크단은 리더인 루이 타루크가 공산주의자 혐의로 체포되자, 무기를 넘겨야만 했다. 로하스 대통령은 두 가지 이유로 인기가 없었다. 첫째, 전쟁 초기에 친일파였고, 둘째, 소작인에게 줘야 하는 수확량의 비율을 늘리는 법안 도입을 처음에 거부했기 때문이었다. 분노와 좌절을 겪은 많은 소작인들은 '인민해방군People's Liberation Army'으로 명칭이 바뀐 후크단 운동에 합류했다.

차기 대통령인 엘피디오 키리노가 사면 제안을 비롯해서 화해하려고 노력했지만, 정부 인기는 점점 떨어지고 후크단의 인원수와 세력이 증가했다. 후크단은 기회를 포착한 필리핀 공산당PKP이 반란에 가담하면서 1950년까지 필리핀 정부에 만만찮은 위협을 가했다. 노골적인 적대 행위는 미국이 공산주의자를 진압하려고 추가 지원을 했던 1954년까지 계속되었다. 더욱이 후크단원이 케손 대통령의 미망인을 암살하는 끔찍한 짓을 저지르자, 저항 운동은 국민들의 공감을 잃게 되었다. 수년간 투쟁에 지친 소작인들은 후크단을 떠난 사람들에게 땅과 농기구를 준 새로운 대통령인 라몬 막사이사이 체제에서 삶이 좋아지길 바라며 집으로 돌아갔다.

안타깝게도 막사이사이는 1957년에 비행기 추락 사고로 사망했다. 후임인 카를로스 가르시아는 사치스러운 생활방식을 막는 긴축 정책을 도입하고, 부패와 싸워서 어느 정도 성공했다. '필리핀 우선 정책'을 도입해서 토지 및 자본의 취득과 사업, 무역, 산업을 운영할 때 외국인보다 필리핀인에게 우선권을 줬다. 이 법안의 영향으로 사업가들이 너무 많은 외국인과 경쟁할 필요가 없어짐에 따라, 외국인 투자가 억제되고 과두제 집권층이 많이 늘어났다.

1961년 선거에서는 가르시아의 부통령인 디오스다도 마카파갈이 상대진영 후보로 나와서 승리했다. 정직하고 청렴한 마카파갈은 부정부패와 뇌물수수에 맞서 싸웠고, 토지 개혁법을 도입해서 많은 가난한 농민이 소작권 부담에서 벗어나도록 했으며, 자유기업을 장려해서 경제를 활성화했다.

마르코스 시대

1965년에 페르디난드 마르코스는 마카파갈을 물리치고 대통령이 되었다. 그 당시 필리핀은 아시아에서 가장 서구화된 나라였는데 싱가포르, 대만, 홍콩이 급속한 경제발전을 이루기 훨씬 전이었다. 처음에 마르코스 행정부는 가능한 모든 자원을 동원해서 개발했고, 다리, 항만, 도로의 건설을 통해 국가를 통합한 업적으로 높은 평가를 받았다. 하지만 점차 불만이 늘어났다. 호세 마리아 시손이 1968년에 필리핀 공산당CPP을 창당했고, 다음 해 몇몇 전 후크단원과 함께 신인민당NPA이라는 필리핀 공산당 게릴라 운동이 결성되었다. 필리핀 공산당은

1969년 마닐라 국제공항에서 미국 닉슨 대통령과 함께한 마르코스 가족

소련이 지원한 PKP와 모택동주의자들이 지지한 CPP가 이념을 두고 충돌했는데, 이윽고 PKP는 유명무실해졌다.

민다나오에서 모로족(필리핀계 이슬람교도)은 항상 스페인과 미국에 저항했다. 모로족은 필리핀이 1946년에 독립한 후에 분리 독립을 추구했지만, 이에 대해 단호한 행동을 취하지 않았다. 1960년대 후반에 많은 기독교인들이 민다나오섬에 오기 시작하면서 정치적 긴장이 고조되었고 무장 조직이 혼란을 일으켰다. 1970년대에 모로민족해방전선^{MNLF}이 결성되어 모로 국가의 독립을 위해 싸웠다. 1970년대에 일어난 투쟁으로 군인과 민간인이 포함된 약 5만 명의 사람들이 죽었다.

1935년에 제정된 헌법에서는 대통령의 세 번째 임기가 허용되지 않았다. 마르코스는 인기가 줄어들자 권력을 유지하기 위해선 계엄령을 선포하는 방법밖에 없음을 깨달았다. 1972년에 마르코스는 법과 질서가 악화하고 공산주의자들이 심각한 위협을 가한다고 주장하면서 이를 근거로 계엄령을 선포했다. 언론의 자유가 박탈되었고, 반대하는 자들은 감옥에 갇히거나 추방되었다. 그중에는 베니그노 아키노^{Benigno Simeon Aquino, Jr.} 상원의원이 있었다. 이 시기 동안 마르코스 측근들은 부정부패를 일삼아서 수백만 달러를 벌었고, 영부인인 이멜다 마르코스는 사치로 악명 높았다. 이멜다는 예술을 장려하려고 마닐라만의 매립지에 필리핀 문화센터를 세웠다.

압박을 받은 마르코스는 1981년에 계엄령을 해제했지만, 그의 재임에 대한 반대만 커졌을 뿐이었다. 1983년에 베니그노 아키노는 위험하다는 경고를 받았음에도 미국에서 돌아왔지만, 비행기에서 내리자마자 암살당했다. 미망인인 코라손 아키노는 1986년 2월 7일로 예정된 대통령 선거에 출마 권유를 받아, 마르코스에 맞서 야당 대표로 선거에 나왔다.

【 피플 파워 】

1986년 2월 8일에 코라손(코리) 아키노는 독립 집계에 따라 대통령으로 당선되었다고 선언했지만, 2월 15일에 필리핀 국회는 마르코스가 당선되었다고 선언했다. 대규모의 선거 조작이 있었음이 분명했다. 필리핀 국민들은 마르코스의 당선을 인정할 수 없었으므로, 일주일 후에 수십만 명의 사람들이 거리에서 시위하며 '피플 파워('민중의 힘'이란 뜻으로 필리핀에서 발생한 두 차례의 시민혁명을 뜻함-옮긴이)'를 보여줬다. 사람들은 주요 간선도로인 에드사^{EDSA}를 따라 군부대까지 걸으면서 마르코스의 퇴임을 요구했다. 필리핀 사람들은 묵주를 들고 기도하며 평화롭게 시위했다. 군대의 탱크로 사람들을 제압할 수는 있었지만, 주요 인물인 피델 라모스 참모총장과 후안 폰세 엔릴레 국방부 장관이 마르코스에게 등을 돌리고 국민을 지지하기로 하자 군대가 그 뒤를 따랐다. 독재자는 피 한 방울도 흘리지 않고 타도되었다. 필리핀 사람들은 그날에 이룬 업적을 자랑스러워하며, 기도로 뒷받침한 '피플 파워'를 계속 믿고 있다.

오늘날의 필리핀

1986년 2월 25일에 페르디난드 마르코스는 미국으로 망명했고, 코라손 아키노가 대통령이 되었다. 하지만 임기 초반에는 마르코스 추종자나 권력의 기회를 잡으려는 이들이 주도한 쿠데타 시도가 많았다. 아키노는 경제 발전을 시작조차 하지 못했고, 국가 기반 시설에도 거의 투자하지 않았다. 또한 내각의 견해 차이로 방해받았으며 지진 및 화산 폭발 등의 자연재해도 있어서, 결과적으로 민주주의 회복이라는 긍정적인 성취 하나만 이뤘다.

1986년의 코라손 아키노 대통령

1987년 필리핀 헌법은 독재 정권으로 돌아가지 못하도록 "필리핀은 민주 공화국이다. 주권은 국민에 있으며, 정부의 모든 권한은 국민에게서 비롯된다"라고 명시했다. 또한 필리핀 공화국의 대통령 임기는 6년 단임으로

만 정했다.

필리핀 헌법은 미국 정부와 비슷한 정부 체제를 명시하고 있다. 필리핀 의회인 입법부는 24명의 상원의원과 최대 250명의 하원으로 구성되어 있다.

차기 대통령은 에드사 혁명의 영웅인 피델 라모스(1992~1998)였다. 라모스는 심각한 전력 부족 문제를 해결해야만 했다. 마닐라 지역에서는 전력 부족으로 뜨거운 여름에 몇 달 동안 하루에 최대 8시간 동안 전기가 들어오지 않았다. 국민들의 의욕이 떨어졌을 뿐만 아니라 산업에도 엄청난 피해를 미쳤다. 하지만 라모스가 신속한 조치를 취해 경제가 상당히 발전했다.

1998년 대통령 선거에서는 가난한 이를 위해 싸우는 영웅 연기로 유명한 영화배우 출신 조지프 에스트라다가 당선되었다. 안타깝게도 에스트라다는 실제로 책임져야 할 게 너무 많다 보니, 측근의 조언에 의지했다. 부패가 늘어나자 사람들이 불만을 품게 되었다. 결국 에스트라다는 부패 혐의로 기소되었고 그에 대한 증거가 점점 늘어났다. 하지만 추가 기소에 관한 중요한 결정을 내리는 상원에서 에스트라다를 지지를 덕분에, 중요한 정보가 들어 있는 서류를 공개하지 않아 추가 기소를

면하게 되었다. 그러자 필리핀 국민들은 큰 죄라며 앞장선 교회와 전직 대통령인 코라손 아키노와 피델 라모스에게 힘입어서 다시 에드사 거리로 나왔다.

제2차 에드사 혁명

'제2차 에드사 혁명'이라고도 부르는 제2차 '피플 파워'에서 중요한 순간은, 군부, 경찰과 함께 국방부 장관이 부통령인 글로리아 마카파갈 아로요를 지지한다고 발표했을 때다. 그러자 대법원은 에스트라다 대통령을 둘러싼 상황을 고려해볼 때 부통령이 에스트라다의 남은 임기를 잇는 것이 헌법에 위배되지 않는다고 결정했다.

결국 2001년 1월 20일 글로리아 마카파갈 아로요는 1961년에 대통령이 되었던 자신의 아버지처럼 대통령으로 취임해 청렴한 정부를 되찾기 위해 싸우기 시작했다. 경제가 계속 어렵긴 했지만, 전 세계적으로 불경기였다.

필리핀 정부는 늘 민다나오가 골칫거리였다. 무력 충돌과 테러 행위로 외국인 투자가 제한되고 국민들의 빈곤이 더욱 악화되었다. 모로민족해방전선^{MNLF}에서 분리된 모로이슬람해방전선^{MILF}은 1990년에 무슬림 민다나오 자치구^{ARMM}가 창설되었지만 분리 독립을 위한 무력 투쟁을 계속했다.

1991년에 모로이슬람해방전선에서 떨어져 나온 아부사야프 반군단체(아랍어로 '검을 가진 자'라는 뜻)는 알카에다와 같은 국제적인 근본주의 조직과 밀접한 관계를 맺고 있다. 민다나오의 남쪽 섬인 바실란, 술루, 타위타위에 근거지를 둔 아부샤아프 반군단체^{ASG}는 민다나오에 이란과 같은 이슬람 국가를 세우고 싶다고 주장하면서 주로 경제적 이익을 위해 테러를 벌였다.

글로리아 마카파갈-아로요의 두 번째 임기는 논란이 많았다. 아로요의 지지자들은 2007년에 경제 성장이 7%를 기록했다며 집권하는 동안에 전례 없는 속도로 경제가 성장했다고 주장했다. 경제 성장은 어쩌면 아로요 정부의 주요 성과였을 것이다. 내수는 계속 튼튼했고, 페소화도 강세를 보였지만, 이 중 대부분은 이 기간 동안에 가족에게 상당히 많은 돈을 송금한 필리핀 해외 노동자 덕분이었다. 그리고 많은 필리핀 사람들은 금전적인 문제를 해결하려고 해외에서 일자리를 계속 찾았기 때문에 경제 성장을 이뤘다고 해서 빈곤이 현격히 감소했다는 뜻은 아니었다.

글로리아 마카파갈 아로요는 몇 가지 조치 때문에 점점 인기가 없어졌다. 예를 들면 부패 혐의로 수감 중인 에스트라다 전 대통령을 사면했으며 베니그노 아키노 2세의 암살에 연루된 여러 사람을 석방했다.

많은 평론가에 의하면, 아로요의 재선은 깨끗한 선거와는 거리가 멀었다. 아로요는 농민들의 비료 구매에 쓰려던 수백만 페소를 빼돌려서 선거 운동 자금에 조달한 혐의로 기소되었다. 더욱이 아로요와 선거관리위원장인 버질리오 가르시야노Virgilio Garcillano의 대화가 녹음된 테이프를 통해 선거 결과가 조작되었다는 사실이 드러났다. 그렇지만 필리핀 사람들은 특유의 유머 감각을 발휘해서, "여보세요, 가르시!('가르시'는 녹음테이프에서 아로요가 가르시야노를 부르는 말-옮긴이)"란 아로요의 인사말을 아주 인기 있는 벨 소리로 사용했다.

여러 차례의 부정부패 혐의로 아로요 정부의 위신이 실추되었다. 특히 700명이 죽고 수천 명이 재산을 몽땅 잃은 온도이Ondoy 태풍에 제대로 대처하지 못했기 때문에, 글로리아 마카파갈 아로요가 사임했을 때 대중 지지도는 완전히 바닥을 쳤다.

후임인 베니그노 '노이노이' 아키노 3세Benigno 'Noynoy' Aquino III

는 대선 출마를 결심하기 전까지 정치 경력이 별로 대단치 않은 사람이었다. 그는 1983년에 암살된 마르코스의 유명한 정적인 베니그노 아키노와 2009년 8월에 작고한 코라손 아키노의 아들로서 대중의 지지를 얻었다. 필리핀 사람들은 특히 그의 가족 관계 때문에 신임 대통령에 많은 기대를 했다.

아키노 3세가 대학에서 글로리아 아로요에게 경제를 배우긴 했지만 여러 부패 사건에 연루된 아로요의 실형을 막지는 못했다. 하지만 글로리아 아로요는 한 번도 수감되지 않았고, 척추가 손상되었다며 세인트 주크 병원에 머물렀다.

아키노 3세는 재임 중 온도이 태풍에 의한 홍수를 예측하지 못한 필리핀 기상청PAGASA을 재편했으며, 청소년의 학교 교육을 2년 추가하는 K-12 법안을 승인했고, 논란이 많았던 생식 보건법Reproductive Health bill을 통과시켜서 특히 성직자들로부터 많은 비난을 받았다.

전임 대통령과 마찬가지로 아키노 3세의 주요 업적은 외채 감소와 함께 6.1%의 기록적인 경제 성장이었다. 하지만 빈곤선 (최저한도의 생활을 유지하는 데 필요한 수입 수준-옮긴이) 이하에서 사는 사람들은 여전히 25.2%가 넘었다. 저소득층은 어떤 긍정적인 변화도 보지 못하는데, 과두제 집권층만 경제 성장의 혜택을 누린다는 주장이 있었다.

두 건의 사건은 아키노 3세의 임기에 안 좋은 영향을 미쳤다. 첫 번째는 형편없이 대처한 마닐라 인질의 위기 상황이 10시간 이상 생방송 된 사건이었다. 최근에 해고되어 화가 난 경찰이 홍콩에서 온 25명의 관광객이 탄 버스를 루네타 광장에서 탈취했다. 납치범은 그중 8명을 죽였고, 어설픈 군인이 버스에 진입해서 납치범을 죽였을 때는 이미 너무 늦었었다. 그 결과 홍콩에서 필리핀인에 대한 인종차별 공격이 있었고, 홍콩과 중국에서 오는 관광객의 수가 많이 감소했다. 또한 임기가 끝나기 전에는 필리핀 경찰과 두 모로족 테러 단체^{MILF와 BIFF}가 민다나오의 마사사파노에서 충돌해서 45명의 경찰과 15명의 테러범이 죽었다.

2016년에 아키노 3세의 뒤를 이은 로드리고 두테르테는 카리스마 넘치는 전 다바오 지역의 시장이자, 마약과의 전쟁과 정적에 무자비하다고 알려진 독재자로 논란이 많았다. 두테르테는 극심한 메트로마닐라의 교통체증을 해결하겠다고 약속했지만, 몇 달 뒤 매년 필리핀에서 판매되는 20만 대의 신차 중 대부분 차량이 지나가는 메트로마닐라 거리의 교통체증을 해결하는 것은 불가능하다고 인정했다.

2016년 로널드 델라 로사 경찰청장과 논의 중인 두테르테 대통령

집권 첫 주에는 두테르테가 마초적인 주장과 저속한 말로 유명했지만, 그 이후로는 대중의 관심을 별로 받지 못했다. 그는 부패 혐의로 기소된 여러 공무원과 경찰을 해고했고 형편없는 공공사업과 인프라 사업을 진행했던 일부 과두 집권층을 위협했다.

집권 중에는 페소화가 조금 약세를 보였지만, 코로나19가 발발하기 전까지 연간 6%의 경제 성장이 지속되었다. 경제적인 측면에서 필리핀은 사람들의 이동을 제한하는 매우 강력한 봉쇄 조치를 시행했기 때문에 남부 아시아에서 가장 심한 영향을 받은 국가였다.

두테르테는 필리핀을 연방공화국으로 바꾸려고 계획하면서 더 큰 정치적 자치권으로 민다나오섬의 이슬람교도를 지지했다. 또한 중국의 이익에 협력하고 미국과의 군사협력을 취소했다. 2020년에는 추가적인 경제 완화 조치로 외국 회사의 공공사업 소유를 인정하는 논란이 많은 법안을 승인했다.

【 필리핀식 정권 교체 】

코라손 아키노에 대한 여섯 번의 쿠데타 시도는 실패했고, 독재자인 경우에 부패 정권을 전복하려고 에드사 거리에 나온 두 번의 '피플 파워' 시위는 성공했다. 하지만 연관된 사람들 사이에 실제로 적대감이 없었기 때문에 사상자가 거의 없었다. 피를 흘리고 싶지 않았으므로 대부분은 일부로 총알이 적의 머리 위로 날아가도록 쐈다.

1989년에 군대 영웅으로 유명한 그링고 호나산Gringo Honasan 이 이끈 쿠데타 시도에서 가장 슬픈 건, 탱크에 던진 수류탄이 터져서 그 안에 있던 병사가 죽었던 일이었다. 수류탄을 던진 병사는 죽은 병사의 형제였다. 또한 호나산이 짧은 수감생활을 한 후에 정부 고위직에 오른 것은 주목할 만한 일이었다. 필리핀 사람들이 호나산의 업적에 중점을 둬서 쿠데타 시도를 용서해줬기에 가능했다.

2001년 1월에 에드사에서 열린 조지프 에스트라다에 대한 상원 결정에 반대하는 집회는 삶에 대한 필리핀 사람들의 방식을 여러모로 잘 보여준다. 그 집회는 필리핀 사람들이 언론의 자유를 믿고 있다는 걸 보여줬다(정치인, 성직자, 지역사회 지도자들은 상원의 결정에 반대하는 연설을 했다). 필리핀인들이 엔터테인먼트를 정말 좋아한다는 점도 보여줬다. 무대에서 연주하는 음악가와 농담이 많이 섞인 연설은 큰 박수를 받았다. 필리핀인들이 사치와 과시를 좋아하는 모습도 보여줬다. 예를 들어 부자들은 에드사 중심부 뒤에 있는 4성급 호텔에 방을 잡고 텔레비전 이벤트를 보다가 VIP가 나오면 연설을 보러 부리나케 나갔다. 필리핀인들의 낙천적인 성향도 잘 드러났다(필리핀인들은 철야 농성이 평화롭고 성공적으로 끝날 거라고 믿었으며, 가톨릭 신자는 기도 덕분에 성공했다고 생각했다). 필리핀 사람들이 폭력을 싫어한다는 점을 보여줬다(완전히 평화로운 권력 이양이었다).

경제

주로 농업, 경공업, 지원 서비스에 기반을 둔 필리핀 경제는 1997년 아시아 금융 위기 이후에 악화되었다. 그때부터 필리핀 경제는 비즈니스 프로세스 아웃소싱의 발달, 해외 근로자의 송금, 관광산업의 성장, 주거 및 상업용 부동산 개발 덕분에 상당히 개선되었다.

오늘날 재정적자 대부분은 저조한 세금 징수와 관련되어 있다. 부자들은 부정부패 때문에 돈을 효율적으로 쓰지 못한다고 주장하며 세금 납부를 꺼린다. 그래서 부자들은 세금을 회피하면서도, 가난한 사람들을 위한 사회사업에 기부함으로써 양심의 가책을 덜어낸다. 하지만 이런 돈도 흔히 자기네 대가족과 연관되므로, 실제로 도움을 받은 사람은 많지 않다.

필리핀 사람들 중 약 40%가 하루에 2달러도 못 미치는 돈으로 살고 있다. 35%를 차지하는 15세 미만 연령과 연간 2%의 인구 성장률을 감안하면, 이런 상황은 더 많은 일자리가 창출되지 않는다면 그다지 긍정적이지 않다. 개신교도인 라모스 대통령은 출산 제한을 원했지만, 가톨릭교에서 이를 반대했다.

일자리 부족과 낮은 임금 때문에 1,200만 명의 해외 필리핀 노동자나 해외 계약직 노동자가 생겨났다. 엔지니어, 간호사, 가사도우미 등 다양한 사람들이 필리핀에 외화를 보낸다. 이들은 부양하는 가족과 멀리 떨어져 살면서 2~3년에 겨우 한 번만 고향에 돌아올지도 모른다. 하지만 이런 인재 유출은 기술적인 측면에서 보면 필리핀에 큰 손실을 입힌다.

주된 고용 분야는 120만 명 이상이 일하는 비즈니스 프로세스 아웃소싱이다. 이 분야에서 일하는 필리핀인들은 주로 야간 교대로 미국 고객에게 서비스를 제공하는 콜센터에서 일한다. 이들의 훌륭한 영어 실력과 언어 학습 능력(스페인어를 하는 경우 급여가 2배가 됨) 덕분에 메트로마닐라는 전 세계 비즈니스 프로세스 아웃소싱의 중심지가 되었다. 그리고 비즈니스 프로세스 아웃소싱을 크게 활성화하는 여러 법안이 통과되면서, 지방에 계속해서 관련 사무실이 열리고 있다.

필리핀은 관광지로써 이웃 국가에 여전히 뒤처져 있지만, 빠른 속도로 관광객이 늘어나고 있다. 계단식 논, 백사장, 유서 깊은 건물 등 볼거리가 가득한 풍경과 맛있는 음식, 관광객을 반갑게 맞이하는 환대 덕분에, 관광업이 미래 경제에 단단한 버팀목이 되길 기대한다. 2010년에는 거의 220만 명의 관광객이 필리핀에 왔으며, 2018년에는 770만 명이 방문했다. 대부분은 한국, 중국, 미국, 일본에서 온 관광객이었다.

현 정부는 민영화, 조세제도, 무역과 관련된 경제 개혁을 약속했다. 또한 정부는 지속가능한 경제 성장에 평화와 안정이 전제조건임을 잘 알고 있으며, 민다나오 지역의 평화로운 해결과 신인민군NPA과의 보다 건설적인 대화를 위해 노력하고 있다.

02

가치관과
사고방식

필리핀인의 자존감은 가족에서 비롯된다. "가족이 있기 때문에 내가 있다. 가족의 성공이 나의 성공이며, 나의 수치심은 가족의 수치심이다"라고 말한다. 이런 사고방식은 농장에서 일손이 많이 필요했던 과거의 농업 경제에 뿌리를 두고 있다. 오늘날 시골 지역에서는 아직도 이런 통념이 깊게 박혀 있다.

해외를 여행하다 보면 몇 가지 예상치 못한 행동을 접하게 될지도 모른다. 있는 그대로 받아들이고 그 이면에 어떤 가치와 가정이 있는지를 이해하려고 노력하는 게 좋다. 다음은 필리핀인의 관점과 가치관을 소개하는 매우 일반적인 지침이다.

가족

필리핀인의 자존감은 가족에서 비롯된다. "가족이 있기 때문에 내가 있다. 가족의 성공이 나의 성공이며, 나의 수치심은 가족의 수치심이다"라고 말한다. 이런 사고방식은 농장에서 일손이 많이 필요했던 과거의 농업 경제에 뿌리를 두고 있다. 오늘날 시골 지역에서는 아직도 이런 상황이 일어나고 있다. 가족(스페인어로 파밀리아)은 필리핀인에게 가장 중요한 사회구성 단위이자, 핵심 가치이며 궁극적인 안전망이다. 필리핀인은 가족의 부탁을 거절하거나 가족의 의무를 무시하지 못한다.

전통적으로 부모는 존경받고 자식들은 부모의 뜻을 받든다. 아이들은 대개 결혼하기 전까지 한집에서 같이 산다. 부유한 가족의 경우, 보통 부모와 미혼 자녀는 본채에 살고, 결혼한 자

녀는 작은 집을 지어서 같이 산다. 나이 든 부모는 결코 혼자 살게 두지 않는데, 그런 일이 생기면 가장 창피한 일로 여긴다. 사실 필리핀인에게 가장 심한 욕은 "혼자 있어라"란 말이다.

특히 사회경제적 하위집단에 속한 사람들에게는 가족의 의무가 부담일 수 있다. 많은 사람이 오로지 한 사람의 벌이에 의존할 수도 있다. '성공한' 한 명이 다른 사람을 돌봐야 한다. 큰아이는 좋은 교육을 받지 못한 채 가족을 위해 돈을 벌기 시작하는데, 8~9명의 가족을 부양하려고 좋은 호텔의 웨이터나 가사 도우미가 되는 일이 흔하다. 일반적으로 지방 출신의

젊은 여성은 가족 전체의 생계와 어린 동생의 교육을 위해 마닐라에 와서 가사 도우미로 일하게 된다.

필리핀인의 임금은 상대적으로 적지만, 더 많이 받고 싶은 사람은 제대로 된 교육을 받고 좋은 연줄이 있어야 한다. 저소득층 사람에게는 사실상 신분 상승이 불가능하다. 그러므로 여자든 남자든 간에 많은 필리핀인들은 집과 가족을 떠나서 일자리를 찾아 해외로 떠난다. 어떤 이들은 가는 곳이나 하려는 일에 대해 거의 아는 게 없는 상태로 떠난다. 어머니들은 어린 자식을 남겨두고 가사도우미가 되려고 해외로 떠나 3년

마다 집에 돌아온다. 왜 그렇게 하냐고 물으면, 한 명도 빠짐없이 전부 이렇게 대답한다. "가족을 위해서죠. 가족들이 더 잘 살 수 있잖아요." '가족'은 단지 배우자나 자식을 의미하지 않는다. 여기에는 형제자매, 삼촌, 이모, 조카 등의 대가족이 포함된다.

필리핀 공항은 항상 행운을 빌어주는 사람들로 북적인다. 마닐라 국제공항은 탑승객만 터미널에 들어갈 수 있는데도 말이다. 필리핀 직원은 해외로 일하러 떠나는 친척을 공항에서 배웅하지 못할 바에야 차라리 상사의 노여움을 사는 쪽이 낫다고 여긴다. 공항 배웅은 희생을 인정하고, 관계를 공고히 하며, 얼굴을 내비치며 암묵적으로 "내가 힘들 때 부탁할지도 몰라"라고 말하는 것이다.

현실적으로 인간관계는 전혀 순탄하지 않으므로 가족이라고 해서 갈등이 없는 것은 아니다. 오늘날 기성세대는 젊은 세대가 전통적 가치를 고수하지 않고 예의가 없다고 불평하지만, 도움이 절실히 필요한 경우나 '외부인'에게 위협을 받으면 세대 간의 차이는 잊은 채 하나로 단단해진다.

필리핀에서 결혼은 가족이 결합하는 것이다. 특히 부유하고 영향력 있는 가족의 경우에는 정치적 결속과 비즈니스 이해관계에 도움이 될 수도 있다. '함께하는 경우'가 많기 때문에 한쪽이 환영받지 못하거나 누군가가 반기지 않는 가족과 결혼하는 것은 어렵다. 부유한 가족은 모든 이들의 비용을 지불하는 부모와 다 함께 해외로 휴가를 자주 가고, 별장에서 함께 휴가를 보낸다. 가족이 함께 모이는 날인 일요일에는 보통 교회와 쇼핑몰에 같이 간다.

'파밀리야'는 가족이 아닌 어떤 외부인을 가족으로 받아들인다는 뜻이 될 수도 있다. 예를 들어 파밀리야는 대부모나 이런저런 이유로 친한 사람일 수 있다. 필리핀인이 누군가에게 친구(스페인어로 꼼빠드레 또는 파레)라고 부르면, 둘 사이가 친한 관계라고 말하는 것이다. 그렇게 되면 업무상 유리할 수 있지만, 상사가 꼼빠드레에게 징계 조치를 내리기가 아주 힘들다.

마음의 빚이란 뜻의 '우땅나룹Utang na loob'은 필리핀 사회에 깊숙이 자리 잡고 있는데, 충성심과 호의를 인정한다는 의미다. 여기에는 직장에서 동료의 실수를 감싸고, 동료가 실직하지 않도록 도와주고, 부하직원이 승진하도록 한마디 거들어주고, 좋은 회사에 취직하도록 누군가를 도와주거나 도우미의 자녀가 매우 아플 때 약값을 주는 것 등이 해당할 수 있다. 이런 빚은 어떻게 갚을까? 일반적으로 '어떻게 도와줬지?'라는 경

• 하나의 행복한 대가족 •

필리핀인은 가족적인 분위기에서 일을 잘한다. 이점을 아는 회사는 흔히 이를 이용해서 직원들에게 동기부여를 한다. 가족을 주제로 한 광고 및 현수막과 회사 로비에 있는 화면에 그날 생일인 직원의 이름이 나오는 모습을 흔히 볼 수 있다. 만나는 사람의 이름이 거기에 있는지 꼭 확인해보라! 대부분의 필리핀인은 '단호하지만 잘 돌봐주는 부모'와 같은 경영 방식을 가장 잘 따른다.

험에 근거한다. 가족 간의 마음의 빚은 대대로 이어질 수 있다. 서로 도움을 주고받는다는 마음이 깔려 있다. 이런 심리는 강한 유대 관계로 이어져서, 사람들이 서로 돌봐주길 기대하게 된다. 반면에 후원과 부정부패의 관계로 이어지기도 한다. 이런 유대관계는 옳은 이치보다 우선시할 수 있다.

관계 기반의 사회

필리핀 문화는 조화를 중시하고 체면을 잃지 않으면서 원만한 인간관계에 중점을 둔다. 여기서 중요한 개념은 파키키사마 pakikisama, 파키키팡캅와pakikipagkapwa, 히야hiya다.

파키키사마는 집단에서 인정받고자 하는 바람이나 사람들과 잘 어울리는 능력을 의미할 수 있다.

긍정적인 면에서 파키키사마는 소속감이자, 물질과 정서적으로 지원하면서 좋을 때나 나쁠 때나 '함께하는' 감정의 근원이다. 또한 파키키사마는 집단의 공익을 위해 더 열심히 일하도록 직원에게 동기를 부여하고, 가족 외에 가장 강력한 지원제도를 제공한다. 파키키사마의 단점은 이런 충성심이 해야 할 옳거나 합리적인 결정보다 우선시된다는 것이다. 집단은 구성원 중 한 명이 규칙을 어겨도 고발하지 않을 것이다. 적어도 한 명은 다른 사람의 잘못을 도울 수 있다. 기껏해야 남은 사람들은 입을 꾹 다물 것이다.

파키키사마와 밀접하게 관련된 파키키팡캅와는 원만한 대인관계를 강하게 바라는 마음이다. 이 때문에 갈등을 조심스럽게 다루다 보니, 필리핀인은 쉽게 용서하고 일반적으로 잘 도와주는 것 같다. 반면에 제대로 해결해야 하는 문제는 일부러 얼버무리거나 숨기려고 하고, '임시방편'을 찾으려고 할지도 모른다. 꼭 해결해야 하는 경우에는 양쪽 당사자가 존경하는 사람을 전통적인 중재자로 쓸 수 있다. 개인적인 상호 작용이 항상 절차보다 중요시된다. 업무 환경에서는 종종 중재자에게 과도한 권한을 부여하다 보니, 때로는 의식적이든 아니든 간에 (문제 해결에 꼭 필요한) 정확한 정보를 얻기가 어렵거나 왜곡된다.

의사소통의 주목적은 정보를 주고받는 것이 아니라 조화이며, 대부분은 "예"라고 대답한다는 것을 기억해두어라. "아마도"와 "노력해보겠다"라는 말은 둘 다 "아니요"란 뜻이다. 필리핀 사람들은 "아니요"란 말을 거의 하지 않는다. 그렇지만 필리핀인들은 여전히 정보와 감정을 전달해야 하므로 종종 힌트, 유머, 농담을 써서 전달한다.

'체면 손상'이란 아시아인의 개념은 많이 알려져 있다. 그 중심에는 "남들 앞에서 내 잘못이나 결점을 말하지 마라. 나도 알고 있으니까"란 단순한 메시지가 담겨 있다.

히야와 '아모르 프로피오 amor propio'의 가치관은 이를 잘 설명한다. 히야는 수치심이다. 인류학자 프랭크 린치는 히야를 "사회적으로 용납할 수 없는 자리에 있거나 사회적으로 용납할 수 없는 행위를 했다는 것을 자각하는 불편한 감정"이라고 설명한다. 히야는 필리핀 사람들이 잘못에 대해 신중히 생각하게 하지만, 여러모로 제약도 준다. 예를 들어 결과가 어떻든지

• 기술자와 TV •

태풍으로 정전된 후에, 대기 상태였던 이안의 텔레비전은 더 이상 작동하지 않았다. 텔레비전은 수입 제품으로 필리핀에서 흔히 쓰는 브랜드가 아니었다. 하지만 이안은 고칠 수 있다는 기술자를 찾아서 텔레비전이 110V라고 알려줬다. 기술자가 텔레비전을 가져갔다가 일주일 뒤에 가져오더니, 화질이 정말 좋다며 이안에게 의기양양하게 말했다. 플러그를 꽂고 텔레비전을 켜자, 펑하고 터졌다.

필리핀에서는 많은 가정에 110V와 220V 콘센트가 나란히 놓여 있다. 콘센트는 대개 표시되어 있지만, 잘 구분되어 있지는 않다. 그 기술자는 110V 콘센트가 어느 쪽인지 묻지 않았다. 기술자는 나름대로 추측했는데, 틀린 것이다. 이안은 기술자가 어떤 콘센트를 쓸 건지 물어보지 않아서 놀랐다. 하지만 필리핀인은 그런 질문을 거의 하지 않는다. 이안은 앞으로 질문이 없어도 솔선해서 필요한 정보를 줘야 한다는 귀중한 교훈을 얻었다.

간에 상사에게 지시를 명확히 말해달라고 요청하기를 주저한다. 필리핀인은 지위가 높은 사람과 의사소통할 때, 특히 다른 사람의 반응이 불안하거나 두려울 때 눈을 내리깔고 당황스럽다는 듯이 킥킥거리거나 씩 웃는다. 이런 상황은 상사와 부하 직원 사이에서 자주 일어난다. 수많은 외국인들은 필리핀인이 절대로 추가 정보를 요청하거나, 불분명한 설명에 의문을 제기하거나, 그냥 잘못을 인정하지도 않는다는 것을 알게 되었다.

히야는 동료가 특히 남들 앞에서 다른 사람의 의견에 대놓고 반대하지 못하게 한다. 또한 건설적인 비판일지라도 비판에 매우 예민해지게 만든다. 필리핀인에게 가장 심한 모욕은 뻔뻔하다는 뜻의 왈랑히야walang hiya다. 즉 '히야가 없다'고 여겨져서 집단의 지지를 잃는 달갑지 않은 결과로 이어지는 것이다.

상반된 가치관으로는 아모르 프로피오, 즉 자존심과 명예가 있다. 다른 사람의 아모르 프로피오를 공격하면 갈등이 일어난다. 아모르 프로피오가 훼손되었다면, 균형을 바로잡아야 하는 일은 당연하게 받아질 수 있다. 이런 경우에 동료 필리핀인들은 새로운 균형이 세워지도록 뒤로 물러나는데, 폭력이 일어나고 심지어 생명을 잃을 수도 있다.

체면과 엮인 개념으로는 다른 사람이 어떻게 생각하는지에 따라 자신을 존중한다는 자존감이라는 뜻의 당갈dangal이 있다. 당갈은 필리핀인이 일을 잘해서 상사에게 좋은 평가를 받을 테니까 신뢰할 수 있다는 의미다. 반면에 당갈은 다른 사람이 큰 소리로 말하고(화난 것과 같은 뜻임) 공개적으로 질책하는데 매우 민감해져서 불쾌감을 일으키기도 한다. 원래 큰 소리로 말하는 외국인들은 화를 내거나 모욕하거나 건방진 사람으로 여겨지지 않도록 조심해야 한다. 필리핀 사람들은 목소리를 거의 높이지 않는다.

당신을 위해서 일하는 사람들이 화가 나지 않도록 대하는 것이 중요하다. 누군가의 체면을 잃게 하는 일은 절대 해서는 안 되는 짓이다. 사회적으로 이보다 더 심한 무례는 없다. 직원이 중요한 메시지를 전하는 걸 잊어버리면, 용서하고 앞으로 책상에 메모를 남겨둬야 한다고 알려줘야 한다. 가사도우미는 크리스털 유리잔을 깨뜨리거나 110V 진공청소기를 220V 콘센트에 꽂으면, 걱정스러워하며 미안해할 것이다. 이런 상황에서 큰소리를 치면, 그 직원은 체면을 잃고, 관계를 망치고, 일하는 태도가 더 나빠질 수 있다. 또한 절대로 누군가에게 "멍청이"라고 말하면 안 된다. 이는 아주 심한 모욕으로 여긴다.

【권위】

필리핀은 매우 위계적인 사회라서 권위를 존중하고 연장자를 존경하는 빠갈랑paggalang이 중요한 부분을 차지한다. 필리핀인은 권위 있는 사람을 부모로 여기며 저절로 존경심을 표한다. 한 집안에서 아버지의 권위는 적어도 남들 앞에서 독보적이다.

자신보다 나이가 많은 여자는 이름 앞에 마낭^{Manang}이나 아
테^{Ate}를 붙여서 부르고, 남자는 마농^{Manong}이나 쿠야^{Kuya}를 붙
인다. 이를테면 여자인 경우에는 '마낭 샐리'라고 부른다. 이런
호칭은 모르는 사람들끼리 서로를 부르는 존칭으로도 쓰인다.

필리핀 사람들은 방해하고 싶지 않지만 남의 길을 가로질
러 가야 한다면 무릎을 구부린다. 정중한 행동은 쉽고 자연스
럽게 나온다.

바할라나

필리핀 사회의 근간은 신에 대한 깊은 믿음이다. 필리핀은 기
본적으로 로마 가톨릭 국가로, 필리핀인의 세계관에는 정말로
신이 존재한다. 바할라나는 그 믿음을 잘 표현하는 가치관이
다. 특히 학계에서는 바할라나의 의미와 필리핀인의 행동에 미
치는 영향에 대해 많은 논쟁이 벌어진다. 바할라나는 말 그대
로 "신에게 맡겨라"란 뜻이다(바할라는 신이란 뜻).

현실적으로 말하자면 필리핀인은 바할라나로 두 가지 결과
를 얻는다. 개인에게 삶이란 사람의 힘으로는 어쩔 수 없어서

대부분의 필리핀인에게는 깊은 신앙심이 힘의 원천이다.

거의 결과를 바꿀 수 없다는 사실에 체념하는 낙관적인 숙명론이 있고, 애매하거나 어려운 상황에서 기꺼이 인내하려는 의지와 대담함이 있다. 바할라나는 많은 이들에게 일상의 가난과 자연재해가 초래한 결과에 대응할 능력을 준다. 바할라나는 희망이 없는 이들에게 희망을 가져다준다. 바할라나는 우여곡절이 많은 인생에 대처하는 방법이다. 필리핀에서는 많은 사람들이 간신히 먹고 살고 있지만, 불평등한 삶과 부족한 신분 상승의 기회에 별로 억울해하지 않는다.

일단 바할라나가 있으면, 용기와 대담성과 위기를 느끼는 순간에 심리적으로 작용한다. 한 군인은 필리핀인에 대해 "기도를 제외하면, 바할라나는 전투와 모든 악조건에 처한 위기의 순간에 그들에게 가장 강력한 무기"라고 말했다.

마냐나 -필리핀의 시간

'내일'을 뜻하는 마냐나[Mananna]에는 시간 엄수를 중요시하지 않는 필리핀의 시간에 대한 일반적인 태도가 나타난다. 그래서 많은 외국인들은 아무 생각 없이 어슬렁거리며 15분 늦게 회의에 오는 직원이나 약속 시간보다 3시간 늦게 도착하는 일꾼을 기다리느라 머리를 쥐어뜯으며 짜증을 낸다. 필리핀인들은 '교통' 핑계를 대는데, 물론 진짜로 교통이 나쁘고 인프라가 열악하므로 정말 이런 이유로 늦을 수 있지만 가장 편리한 핑곗거리가 되었다.

회사에서는 아주 중요한 경우에 시간 엄수를 요구하는 것이 가능하다. 일부 외국인 매니저는 정해진 시작 시간보다 10분까지 늦어도 된다고 타협한다. 다른 '훌륭한' 직원은 늦게 오는 사람에게서 벌금을 걷는 자선 상자를 만들기도 한다. 외국인은 기한을 맞추지 못할 것을 예상해서 계획할 때 적당히 고려해두는 편이 좋다. 1월 14일 금요일까지 보고서가 필요하다면, 1월 10일 월요일까지 제출하라고 요구한다. 이렇게 하면 스트레스가 줄어들 것이다. 아침에 집으로 일꾼이 오거나 배달되길 바란다면, 하루 정도는 여유로 잡아야 한다.

필리핀 사람들은 일반적으로 많은 사람들이 모이는 파티에 시간에 딱 맞춰 오지 않지만, 저녁 식사에 초대받으면 시간을 지킨다. 하지만 어쩔 수 없는 차량 정체와 우기에 날씨가 갑작스럽게 변하면 시간에 딱 맞춰 오기가 힘들 수 있다.

외국인에 대한 태도

대체로 필리핀인은 외국인을 매우 환영한다. 흰 피부를 동경하고 수입품이 우수하다고 여기는 '식민지 정신'이 여전히 있다고 말하는 사람들도 일부 있다. 외국인은 전부 부자라고 믿는 고정관념도 있다. 많은 필리핀 사람은 미국에 살기를 꿈꾼다. 아메리칸드림을 실현한 사람들은 함께 살려고 친척들을 미국으로 부른다.

방금 만난 필리핀인이 결혼을 했느냐, 자녀가 있느냐, 집세를 얼마 내느냐 등의 개인적인 질문을 시작하더라도 놀라지 말아야 한다. 이런 질문은 필리핀인이 외국인과 친분을 쌓고 관계를 맺으려는 방법이다. 캐물어 볼 속셈이 아니다. 불편하다면 너무 정확하게 답할 필요는 없다. 예를 들어 집세를 물어보면, (많은 외국인들은 필리핀인의 월급보다 더 많은 집세를 낸다) 그냥 웃으며 "너무 많아요!"라고 말한다. 필리핀 사람들은 더 이상 말하고 싶지 않다는 걸 이해할 것이다.

시골에 사는 필리핀 사람들에게는 모든 백인 외국인이 미국인이다. 당신이 백인이라면, 누군가 당신에게 다가와서 "안녕, 조!"라고 말할지도 모른다.

올바른 인상 주기

외국인이 직업적으로나 개인적으로도 사실상 잘 지내려면 관계 형성에 시간과 노력을 투자해야 한다. 친절하게 웃는 태도는 관계 형성에 큰 도움이 된다. 필리핀인은 잘 도와주고 친절한 사람이므로 자기네 나라에서 당신을 맞이하려고 최선을 다할 것이다.

권위 있는 지위에 있는 사람은 단호하지만 배려하는 경영방식이 가장 큰 반향을 일으킨다는 점을 기억해둔다. 평상시의 방식이 아니더라도 일을 하는데 다른 유효한 방식이 있음을 유념해두는 것이 무엇보다도 가장 중요하다.

03

풍습과 전통

종교는 몇 가지 자신만의 관행과 함께 가톨릭교회의 가르침을 따르는 대부분의 필리핀 사람들의 삶에서 중요한 부분을 차지한다. 종교는 '친족집단'에 대한 충성을 강화하고, 결혼, 세례, 죽음에 관한 예식으로 집단 내에서 관계를 단단히 다진다. 필리핀 사람들은 독실하고 관대하다. 종교의 자유는 헌법에 명시되어 있으므로 존중된다.

종교

종교는 몇 가지 자신만의 관행과 함께 가톨릭교회의 가르침을 따르는 대부분의 필리핀 사람들의 삶에서 중요한 부분을 차지한다. 종교는 '친족집단'에 대한 충성을 강화하고, 결혼, 세례, 죽음에 관한 예식으로 집단 내에서 관계를 단단히 다진다.

필리핀 사람들은 독실하고 관대하다. 종교의 자유는 헌법에 명시되어 있으므로 존중된다. 그런데도 300년간 이어진 스페인의 점령과 선교사의 열정으로 대부분 필리핀 사람들이 기독교 신자다. 종교 분포는 가톨릭교 85%, 개신교 5%, 기독교 사이비교 3%, 이슬람교 5%, 기타 2%로 나뉜다.

전통적인 가톨릭교 외에 엘 샤다이El Shaddai라는 800만 명 이상의 신자를 거느린 대규모의 독실한 가톨릭 집단이 있다. 대체로 가난한 신자들은 매주 수백만 명 이상이 마닐라만 옆의 공원에 모여서 대화체인 타갈로그어로 설교하는 마이크 벨라르데Maiano Mike Velarde의 설교를 듣는다. 집단의 지도자인 벨라르데는 조지프 에스트라다와 밀접한 연관이 있었던 탓에 최근에 신뢰도가 하락했다. 하지만 그의 영향력을 과소평가해서는 안 된다. 벨라르데는 정치에 관심이 있으며, 추종자들은 여전

시말라 성당으로도 알려진 세부 성체 수도원의 모습

히 그의 지시에 따라 투표할 가능성이 있다.

개신교도 수는 미국의 식민지 시대에 증가했다. 개신교에는 다양한 전통적인 교파 외에도 300만 명 이상의 신자를 둔 주예수회Jesus is Lord Fellowship라는 아주 독실한 집단이 있다. 주예수회는 글로리아 마카파갈 아로요 대통령을 지지하며, 미국의 텔레비전 전도사와 긴밀한 관계를 맺고 있다.

지난 125년 동안 2개의 지역 교회가 생겨났다. 필리핀 독립

파교회Philippine Independent Church는 스페인에 반란을 일으켰던 시기에 가톨릭교회를 떠난 그레고리오 아글리파이 신부가 세웠다. 나중에는 미국 성공회에 합류했다.

이글레시아 니 그리스도는 1914년에 펠릭스 마날로가 세웠다. 이 교파는 필리핀 전역에 똑같은 디자인으로 커다란 교회를 짓고, 권위주의적으로 신도들에게 죄를 짓지 말고 규율을 잘 따르며 깊은 신앙심을 갖기를 요구한다. 신도가 빠른 속도로 증가해 300만 명 이상이나 되었는데, 여기 신도와 결혼하려면 개종해야 했다. 심지어 156개국에 지점을 내기도 했다. 이들은 블록 투표(대의원에게 그가 대표하는 사람 수만큼의 표수를 인정하는 투표 방식-옮긴이)를 실행해서 2016년 대선에서 두테르테를 지지했다. 이 종교 집단의 추종자들은 이탈리아 깃발과 매우 유사한 깃발을 차에 달고 다닌다.

오늘날 필리핀에서 행하는 가톨릭교는 기본적으로 공식 교리를 따른다. 필리핀은 전 세계에서 이혼을 허용하지 않지만 혼인 무효를 얻을 수 있는 유일한 국가다. 아이들은 집에서 기도하는 법을 배우고, 어른들은 정기적으로 미사에 참석하며, 회사에서는 직원들이 성경을 읽는 모습을 쉽게 볼 수 있다. 하지만 스페인 식민지 이전에 숭배했던 정령 신앙(우주의 모든 활동

• 우리 주변에 있는 영혼 •

사무실에서 바쁜 경우에는 직원들이 종종 저녁 8시까지 일해야 했다. 직원들은 초과근무를 기꺼이 했지만, 혼자 있기를 두려워했다. 그 이유는 하얀 옷을 입은 목 없는 여자가 업무 공간을 걸어 다니는 모습을 여러 차례 목격했기 때문이었다.

우리 집에서는 가사도우미가 사제를 불러 밤에 잠을 방해하는 악마를 물리쳐주기를 원했다. 우리가 그렇게 하자, 더는 불평하는 소리가 들리지 않았다. 하지만 10년 뒤에 새집으로 이사한 후에 다른 도우미는 이제 악마가 거기에 없으니까 더 안심된다고 말했다.

초자연적 현상을 믿든 말든 간에, 그런 우려에 귀 기울이고 가능한 한 두려움을 없애고자 적절한 조처를 해야 한다. 이를 무시하면 무신경하고 오만한 것이다.

은 우주를 다스리는 어떤 힘으로 이뤄진다는 믿음-옮긴이)의 영향이 가톨릭교와 섞이면서 초자연적 현상에 집중하다 보니, 특히 지방에서는 미신을 많이 믿게 되었다.

이슬람교도는 14세기 말에 술루 제도에 처음 도착한 후에 민다나오 서쪽 지역과 팔라완 남부의 발라바크섬으로 퍼졌다. 필리핀의 이슬람교도는 식민지 열강과 필리핀 정부에 완강히

필리핀 남부 코토바토에 있는 그랜드 모스크의 내부 아치 모습

저항했다. 이들은 대체로 열정적이고, 라마단 기간에 엄격하게
금식한다. 많은 이슬람교도들은 메카에 성지순례를 하는 '하
지'를 간다. 필리핀에는 다른 이슬람국가의 재정 지원으로 많
은 이슬람교 사원과 종교 학교가 세워졌다. 필리핀의 이슬람교
여성은 여전히 정통 이슬람국가에서 여성에게 허용하지 않는
자유를 즐긴다.

메트로마닐라의 마카티 중심 업무 지구를 환히 밝히는 크리스마스 조명

　민다나오에 정착하는 기독교도는 미국의 이주 프로그램에 따라 그 수가 증가했다. 그로 말미암아 외부인들에게 자신들의 땅과 천연자원을 빼앗긴 일부 모로족은 크게 분노했다. 하지만 이제 모로족의 분노는 기독교 정착민이 아니라 군대를 주둔시킨 정부에게로 더 많이 향하고 있다.

기독교 축제

【 크리스마스 】

상점가에서는 9월 첫 주에 장식이 걸리고 쇼핑몰에 크리스마스 캐럴과 노래가 울려 퍼지면서 크리스마스 시즌이 시작된다. 크리스마스가 바짝 다가오면, 여기저기서 더 많이 꾸며서 장식이 더 화려해진다. 크리스마스 분위기는 마닐라 전 지역에 쫙 퍼진다. 가게마다 사람들로 붐비고, 퇴근 시간과 토요일 온종일에는 차가 가다 서기를 반복하다가 교통이 멈춰버린다.

주거 지역에서는 주민들이 보안 및 유지와 관리하는 직원과 청소부를 위해 '마을'에 기부한다. 주민들이 각자 얼마 기부했는지를 알려주는 목록이 발표되기도 한다. 사람들은 저임금 노동자들이 대체로 일을 잘하므로 크리스마스에 그들에게 좀 더 주더라도 아까워하지 않는다. 때로는 집주인이 봉투를 채워서 가정부에게 주기도 한다!

직원들은 크리스마스에 보너스를 받는다. 이맘때 추가로 드는 모든 비용은 보너스에 의지하는데, 집에서 일하는 직원들도 사무실 직원과 마찬가지로 보너스에 의존한다. 바로 밑에서 일하는 사무실 직원이나 비서(직원이 너무 많다면)가 선물을 기대하면, 음식을 작은 선물로 줄 수도 있다. 회사에서는 좋은 의뢰인이나 고객에게 거액의 선물을 준다. 이는 비즈니스에 꼭 필요하다고 여긴다.

모든 사람들은 크리스마스를 앞두고서 특히 이른 아침에 더 자주 미사를 드린다. 크리스마스 전날에는 밤 10시에만 입석 미사가 있으며, 사람들은 집에 가서 돼지고기와 기타 산해진미를 맘껏 즐긴다. 남은 크리스마스 시즌에는 가족과 친구들을 방문하거나 만난다. 크리스마스이브에서 새해까지는 사무실이 텅 비어 있으므로 업무 약속을 잡으려고 애쓸 필요가 없다.

【 사순절 】

필리핀의 가톨릭 신자는 재의 수요일^{Ash Wednesday}에 드리는 미사와 함께 시작하는 사순절(또는 쿠아레스마, 기독교인들이 예수의 고행을 기리는 재의 수요일부터 부활절 일요일 전날까지의 40일간–옮긴이)을 중요하게 여긴다. 재의 수요일에는 신자들의 이마에 십자가를 표시한다. 신자들은 사순절 동안에 더 자주 미사를 드리고, 더 많이 기도하며, 금식하거나, 작은 사치를 포기할 수 있다. 사람들은 예수님의 시련과 고난과 죽음을 그린 예수 수난극이 전국에서 공연되는 동안에 세마나 산타(성주간)를 준비한다. 부활절 축제인 세마나 산타^{Semana Santa}는 긴 방학 동안에 열리는데, 필리핀인은 흔히 가족과 함께하려고 고향으로 돌아간다. 도시에 머무는 많은 사람들은 일주일 내내 쉬고, 성목요일(부활절 전의 목요일-옮긴이)과 성금요일은 공휴일이다.

【 성금요일 】

마닐라 북부의 팜팡가주와 같은 특정 지역에서는 성금요일(부활절 전의 금요일로 예수가 십자가에 못 박힌 날을 기억하기 위한 날-옮긴이)에 예수님이 십자가에 못 박혀 죽는 모습을 재현한다. 참가자들은 날카로운 대나무 조각에 끈이 달린 채찍으로 자신들을 채찍질하며 피를 흘린다. 다른 사람들은 무릎을 꿇고 기어 다닌다. 열성 신도들은 흥미로워하는 관광객들과 섞여서 십자가에 처형되는 장소까지 그 과정을 따라 한다. 뜨거운 태양이 내리쬐면 예수 역할을 맡은 사람의 손을 십자가에 묶거나 잠시 못으로 박을 수도 있다. 가톨릭교회는 이런 풍습을 권장하지 않지만, 필리핀 종교는 자신들의 종교와 일반적인 가르침을 결합한다. 그런 경우에는 스페인의 지배 기간에 필리핀 사람들이 겪은 고통을 표현하고자 십자가형을 재현했다. 필리핀 사람들은 그런 취급을 받지 말아야 하는 예수님의 고통과 자신들을 엄밀하게 동일시할 수 있다고 믿었다. 오늘날에는 가난한 사람들이 고통에 비슷한 대도를 가지며 가난을 감당할 수 있다.

【 부활절 】

부활절에는 예수님의 부활을 축하하는 행사가 열린다. 외국인들은 미국인 공동묘지에서 새벽 예배를 드리고, 예배 보는 사람들로 교회가 가득 찬다. 어떤 마을에서는 살루봉 salubong 이라는 예식이 행해지는데, 예수상을 따라가는 남자들과 성모 마리아상을 따라가는 여자들이 교회에서 만날 때까지 열을 지어 걷는다.

기독교와 전통문화의 조화는 루손섬의 바탕가스주에서 멀리 떨어진 마린두케섬에서 재현되는, 론지노의 전설인 모리오네스 moriones 축제에서 가장 분명하게 나타난다. 모리오네스는 예수가 살았던 시대의 로마 병사인데, 축제에 참가하는 사람들은 알맞은 가면을 쓴다. 성주간 동안에 참가자들은 마을을 돌아다니며 다양한 행렬에 함께 참여한다. 예수의 무덤을 지키던 병사였던 론지노는 부활절에 그리스도가 죽었다가 다시 살아나셨다고 선언했다. 론지노는 처음에 도망쳤지만, 등을 돌

마닐라 동부 카인타에서 부활절에 그리스도의 수난을 재현하는 모습

린 다른 병사들에게 잡혔다. 그는 예수가 부활했다고 말한 후
에 목이 베였다.

그런 행사가 관광객을 끌어들이므로 경제적인 이유로 계속
된다고 말하는 부정적인 견해가 있을지도 모른다. 하지만 공동
체 의식을 고취하고, 기념할 기회를 주고, 독실함을 보여주는
필리핀에서는 전통이 쉽게 사라지지 않는다. 반면에 부유한 도
시민들은 긴 주말 연휴를 이용해서 고향에 가거나 산이나 해
변에 놀러 간다. 모든 사람들이 부활절에 마닐라로 돌아오느

라 도로가 붐빈다.

【 만성절 】

만성절(기독교에서 모든 성인을 기리는 날-옮긴이)인 11월 1일은 세상을 떠난 사랑하는 사람을 기억하는 날로 공휴일이다. 만성절은 중요하게 여기지만 아주 우울한 날은 아니다. 이날은 함께 모일 기회를 준다. 가족들은 묘지에 가서 텐트를 치고 야유회를 하며 카드놀이를 한다. 사람들은 가판대에서 음식과 음료수를 사고, 주차할 곳을 찾기가 힘들 수 있다. 묘지에 가지 않을 거라면, 도로에서 떨어져 있는 편이 좋다.

축제

필리핀인들은 흥이 많다. 그런 모습은 특히 아이들이 방학하는 일 년 중 가장 더운 달인 5월에 전국에 있는 도시와 마을에서 열리는 다양한 축제를 통해 엿볼 수 있다. 스페인어로 '피에스타'인 축제는 종교나 역사적 사건을 기념하거나 전통 의식을 토대로 하거나 이런 주제가 합쳐져서 열릴 수도 있다. 풍작

매년 마닐라에서 열리는 알리완 축제에 참가한 사람들의 모습

을 위한 추수감사절이나 마을의 수호성인을 기리는 축제일 수 있다. 강에 띄우는 꽃수레 퍼레이드, 필리핀산 물소인 카라바오 축제, 꽃 축제, 비 댄스, 민족 스포츠 행사 등의 축제가 열릴 수 있고, 종종 수호성인이나 성모 마리아를 위한 기념 미사와 함께 열린다.

외부인이 이런 기독교적 예배행위에서 이교적인 부분을 비판하는 것은 적절치 않다. 필리핀인들이 가난에 지지 않고 지켜온 독특한 가톨릭 신앙과 즐기는 능력은 전적으로 감탄할 만하다.

도시에서 한 구역이나 지역사회에 해당하는 바랑가이 barangay(촌락)에는 자체적인 축제가 저마다 있었다. 도시에서는 축제의 중요성이 줄어들었지만, 시골에서는 축제가 지닌 사회적인 중요성이 계속 유지되고 있다. 고향을 떠난 사람들은 가족과 오랜 친구에게 줄 선물을 갖고 돌아와서 자신들이 얼마나 성공했는지를 보여준다. 이렇게 하면 비용이 많이 들 수 있다 보니, 저임금 노동자는 축제를 위해 돌아오는 길에 만감이 교차할지도 모른다.

사람들은 마을 중심지를 깨끗이 청소하고, 집을 단장하고, 거리에 화사한 장식을 건다. 모든 사람이 행렬, 음악, 시합, 소규모 공연, 음식 등에 어떻게든 참여한다. 비용이 가계에 부담이 되기도 하지만, 레촌(통돼지구이)과 같은 특별 요리를 준비한다. 마을 사람들이 집마다 돌아다니면서 음식을 먹으며 얘기를 나누는 모습에서 필리핀인의 친절한 성격이 잘 드러난다. 낯선 사람도 환영받는다. 하지만 마을 축제에 참여한다면, 수호성인과 산토니뇨Santo Nino(아기 예수를 뜻함-옮긴이)와 같은 형상이 거리를 지나가면 존경심을 보여야 한다.

마을 사람들이 힘들게 노력해도, 축제에는 상당한 재정 지출이 소요된다. 부유하고 영향력 있는 인사들은 특정 품목의 비용을 대고 신망을 얻는다. 모든 기부는 환영받는다. 축제가 열리기 직전에 마을을 지나간다면, 길 건너편에서 줄을 잡고 있는 몇몇 아이들이 가던 길을 멈춰 세울 수도 있다. 아이들이 축제를 위해 기부해달라고 할 것이다. 아이들은 뭐든 주면 기뻐한다.

다음에 열거하는 3개 축제가 유명한데, 가끔 필리핀의 '마르디 그라Mardi Gras'라고 부르기도 한다. 전부 1월에 열려서 종교적인 면보다는 축제 방식으로 언급되는 것 같다.

【 아티-아티한 축제 】

아티-아티한Ati-Atihan은 '아티처럼 행동한다'는 뜻이다. 아티는 원래 초기 필리핀에 거주했던 원주민인 곱슬머리에 피부가 가무잡잡한 니그리토Negrito를 부르던 이름이다. 13세기에 한 무리의 말레이 사람들이 비사야 제도 서쪽의 파나이섬 해안에 도착해서 정착했다. 정착민들은

일로일로 시에서 개최하는 아티아티 댄스 경연에서 어떤 참가자가 공연 순서를 기다리는 모습

그 당시 그곳에 주로 살던 아티의 우려를 덜어주려고 얼굴에 숯검정을 바르고 똑같이 보이려고 따라 했다. 그래서 아티-아티한 죽제 잠가사는 피부에 숯검정을 바르고 머리에 나뭇잎을 꽂고, 어울리는 옷을 입는다.

악사와 춤꾼들이 거리를 행진하며 단순한 리듬에 맞춰 북을 치고 춤을 춘다. 이 퍼레이드는 종교적인 주제도 띠고 있다. 아기 예수를 상징하는 조각상과 십자가가 들려서 마을 광장에 들어서면, 모두가 아기 예수를 추모하며 "비바 산토니뇨(아기 예수 만세)!"를 외친다.

가장 큰 규모의 아티-아티한 축제는 1월 셋째 주에 파나이 섬 칼리보 마을에서 열린다. 이 축제는 엄청나게 많은 관광객을 끌어들여서 매우 상업화되었다. 모든 사람이 옷을 잘 차려입고, 관광객은 마을의 악사와 춤꾼과 함께 어울린다. 화려한 색깔과 흥겨운 음악과 춤, 흥분된 축제 분위기로 관광객을 사로잡는다.

【디낙양】

디낙양Dinagyang은 '떠들썩하게 즐기며 놀다'라는 뜻으로, 파나이섬에서 칼리보 반대편에 있는 일로일로에서 1월 넷째 주에

일로일로 디낭양 축제 참가자의 모습

열리는 축제의 주제이기도 하다. 일로일로 축제는 산토니뇨 성
상의 복제품을 들여온 이후인 1968년에 시작되어서 1976년에
거리 축제가 처음 열렸다. 이제는 매우 유명해진 축제가 되었
다. 무용단의 경연이 주요 볼거리다. 구경꾼들은 칼리보 축제처
럼 참가하지 못하지만, 많은 재미가 보장된다.

【 시눌룩 】

시눌룩Sinulog 축제는 비사야 제도에서 가장 큰 도시인 세부에서
1월 중순에 10일 동안 열린다. 이 축제는 산토니뇨에 대한 경

세부 시내에서 시눌룩 축제 동안에 거리를 행진하는 모습

의와 세부의 역사가 뒤섞여 있다.

마젤란은 1521년에 필리핀에 도착했을 때 기독교 신앙으로 세례를 받은 부족장에게 아기 예수상을 줬다. 마젤란이 죽고서 1565년에 스페인 사람들이 필리핀에 돌아왔을 때, 아기 예수상이 다른 신들 옆에 놓여 있고 매년 이 조각상들을 모셨다는 것을 알았다. 다른 조각상들은 없어졌지만, 아기 예수인 산토니뇨를 위한 종교의식만이 유일하게 유지되고 있었다.

종교적인 행사가 1980년에 축제로 확대되었다. 축제에서는 과거의 이교도와 스페인이 가져온 현재의 기독교를 연결하는 역사적인 모습을 보여준다. 퍼레이드 차량은 다른 시대를 나타내고 참가자는 시대에 맞는 옷을 입는다. 싸움이 재현되고 미스 세부가 왕관을 쓴다. 콘서트와 경연이 열리고, 음식과 마실 것이 있다. 무엇보다도 미사가 거행되고, 산토니뇨 상이 거리를 행진하는 것이 가장 중요하다.

이슬람 축제

독실한 이슬람교도는 라마단 기간에 한 달 동안 금식한다. 라마단 기간에는 해가 뜰 때부터 해가 질 때까지 먹지도 마시지도 않는다. 이 기간에는 배고픔과 탈수 가능성 때문에 생산성에 영향을 미칠 수가 있다. 라마단이 끝나면, 이드 알피트르Eid-al-Fitr 또는 하리라야 푸아사Hari-Raya Puasa로 축하한다. 이날에는 이슬람교도들이 정화 의식을 거치고서 이슬람교 사원에서 회중 기도에 참석한다. 너그러움과 자비에 집중한 다음에는 먹을 것이 풍성한 축제가 이어진다.

두 번째 축제는 이드 알 아드하Eid al-Adha 또는 하리라야 하드지Hari-Raya Hadji다. 이날은 알라신께 제물을 바치고 양이나 염소를 잡아서 친척과 이웃과 가난한 자들에게 나눠준다. 또한 기도와 용서의 날이기도 하다.

기타 기념행사

필리핀인은 파티를 여는 데 구실이 필요 없다. 다양한 행사를 축하하는 것을 좋아하며, 미국의 영향을 받아서 많은 행사를 연다.

새해에는 특히 섣달그믐날에 전국적으로 불꽃놀이를 터뜨릴 뿐만 아니라 크리스마스와 새해 시즌 내내 불꽃놀이를 한다. 질이 나쁜 불꽃놀이와 폭죽이 터져서 도로에 떨어지는 위험과 소란을 피하도록 조심해야 한다. 종종 허공에 총을 발사하다 보니, 당연히 사고가 일어난다. 필리핀 정부는 이런 관행을 멈추려고 노력하고 있다.

필리핀 남자들은 자신들이 남자답다고 여기고, 필리핀 여자들은 로맨스를 믿는다. 따라서 도시에서 밸런타인데이는 여유 있는 사람들이 식당에서 낭만적인 분위기를 즐기기에 딱 좋은 날이다. 별로 낭만적이지 않은 사람들은 차량 정체가 심하니까 집에 있는 편이 좋다.

핼러윈은 콘도 로비와 쇼핑몰을 화려하게 장식할 정도로 아주 인기가 많다. 이날 아이들은 귀신이나 괴물처럼 꾸미고 집마다 돌아다니면서 "트릭 오어 트릿(사탕을 안 주면 장난칠 거예요)"라고 말한다.

04

친구 사귀기

다른 사람의 가족 건강에 관해 물어보거나, 타갈로그어로 몇 마디를 말하려고 애쓰거나, 요리를 칭찬해주거나, 유명한 권투 선수이자 상원의원인 '매니' 파퀴아오처럼 필리핀의 우상을 알고 있다고 보여주면 필리핀 사람들에게 환영받으며 아주 편한 대화를 하게 될 것이다.

필리핀인은 겉으로 보면 매우 사교적이고 친절하지만, 친밀한 사회적 관계가 매우 폐쇄적이다. 해외 생활을 경험한 사람들과 그렇지 않은 사람들 간에는 큰 차이가 있다. 당연히 외국인에게는 유학하거나 잠시 해외에서 살았던 필리핀인과 친분을 쌓기가 더 쉽다. 하지만 다른 사람의 가족 건강에 관해 물어보거나, 타갈로그어로 몇 마디를 말하려고 애쓰거나, 요리를 칭찬해주거나, 유명한 권투 선수이자 상원의원인 '매니' 파퀴아오처럼 필리핀의 우상을 알고 있다고 보여주면, 필리핀 사람들에게 환영받으며 아주 편한 대화를 하게 될 것이다. 긍정적이고 좋은 의도라고 해도 비판을 피하고, 가벼운 농담으로 어려운 상황을 풀어보려고 노력하도록 한다.

어느 나라에나 그렇듯이 진정한 친구를 찾기는 어렵지만, 일단 찾았다면 필리핀 친구는 정말 의리 있고 너그럽고 어려울 때 도와준다.

사람들 만나기

메트로마닐라 주변에는 사업가와 유명한 전문가들을 위한 고급 클럽이 몇 군데 있는데, 그곳에서 열리는 저녁 식사나 골프 게임에 초대받을 수 있다. 그곳은 가족의 중요한 행사 장소로도 쓰인다. 이들 클럽 중에서 가장 유명한 곳은 마카티와 타기그에 있다. 클럽에 들어갈 수 있더라도, 예를 들어 뭔가를 먹거나 체육관을 사용하려면 회원에 가입해야 한다.

다른 지역에는 많은 외국인과 중산층 필리핀 사람을 만날 수 있는 그다지 비싸지 않은 클럽도 있다. 이들 클럽은 잘 관리되고 있으며, 여러 개의 수영장, 테니스 코트, 사우나 등 훌륭한 시설을 갖추고 있다. 마사지와 같은 추가 서비스는 비용을 내야 한다. 이런 시설은 자녀가 있는 사람들에게 적극적으로 추천한다.

하이킹, 등산이나 스쿠버다이빙처럼 특별히 관심 있는 활동 동호회를 선택해서 가입할 수도 있다.

집에 초대하기

필리핀 가정에 저녁 초대를 받는 것은 큰 영광이다. 필리핀 사람들은 일반적으로 파티에 디저트나 와인을 가져오라고 하지 않는다. 정시에 오거나 15분 이내로 조금 늦게 도착하면 된다. 식탁에 앉으라고 하거나 뷔페식 저녁을 마음껏 즐기라고 하면, 곧바로 하지 말고 다시 권할 때까지 기다린다. 이는 집주인을 귀찮게 하는 것이 아니라 필리핀 에티켓의 특징이다.

음식이 훌륭하다고 안주인을 칭찬할 때는 주의해야 한다. 재빨리 칭찬하는 것은 괜찮지만, 안주인이 실제로 직접 준비했는지 확실하지 않으면 너무 지나치게 칭찬하지 말아야 한다. 왜냐면 부유한 필리핀 사람들은 전부 요리사가 있으니까! 안주인이 책임지는 꽃꽂이나 장식처럼 뭔가 칭찬할 만한 것을 찾도록 한다.

식사를 마치면, 집주인의 후한 대접에 충분히 만족했다는 표시로 접시에 약간의 음식을 남겨둔다. 필리핀 사람들은 식사의 일부로 디저트를 많이 즐기니까 디저트 먹을 만큼의 배를 남겨둔다. 파티를 열어야 한다면, 이 과정이 중요하다는 걸 기억해야 한다.

교육받은 필리핀 사람은 영어를 잘한다. 필리핀에 오래 머무르고 있다면, 필리핀 사람들은 자연스럽게 당신이 어떻게 자리 잡을지 알고 싶어 한다. 이런 질문을 받으면, 비효율적이라고 불평하거나 필리핀 정부나 사람을 비판하지 말아야 한다.

그렇지 않으면, 당연히 무례하고 거만한 사람으로 여긴다. 필리핀인들은 외국인의 비판에 매우 민감하다. 항상 정중하고 겸손하게 대한다. 필리핀에서의 생활을 이해하는데 도움이 되는 일반적인 질문이나 새로운 문화를 이해하는 데 어려운 특정 문제에 대한 조언을 구할 수 있다. 반면에 몹시 개인적인 질문을 받더라도 놀라지 않도록 한다. 당신이 어떤 사람인지 알려고 묻는 것이다. 저녁 식사가 끝나면, 집에 가져가라고 손님에게 남은 음식을 줄지도 모른다. 이는 파바온^{pabaon}이라는 오랜 전통이다. 공식 행사일지라도 많은 사람에게 음식을 대접하는 파티에서는 일반적으로 손님이 남은 음식을 집에 가져가려고 담는 용기를 가져온다.

저녁 식사 자리에 조부모가 계신다면, 당연히 초대한 집주인뿐만 아니라 그들에게도 작별 인사를 하는 것이 예의다.

【선물】

필리핀 가정에 저녁 초대를 받으면, 그들이 선물을 바라지 않더라도 가져가면 반겨준다. 생일 파티에 초대받으면 선물을 꼭 가져가야 한다. 필리핀 사람은 곧바로 선물을 열어보지 않지만 옆에 뒀다가 나중에 열어본다. 두 가지 이유로 이렇게 한다.

첫 번째는 다른 손님이 가져온 선물보다 값어치가 덜 나가면 준 사람이 당황하기 때문이고, 두 번째는 선물을 받자마자 여는 것이 물질주의적인 행동이라고 여기기 때문이다. 선물을 받은 사람은 다음에 만날 때 선물을 준 사람에게 고마워할지도 모른다. 그리고 선물에 이름이 적혀 있지 않아도 어떤 선물을 줬는지 정확히 알고 있을 것이다. 마찬가지로 선물을 받으면 남들 앞에서 열면 안 된다.

다른 사람 초대하기

필리핀인은 "아니오"라고 말하는 걸 좋아하지 않는다. 필리핀 친구를 저녁 식사에 초대하면, 선뜻 오겠다고 말했어도 오지 않을 수도 있다. 필리핀인은 이틀 전에 다시 저녁 식사 초대를 받아야만 상대방이 정말로 참석하길 원한다고 확신한다. 그런데도 식사에 오지 못하거나 오고 싶지 않으면, 면전에서 초대를 거절하기보다 제삼자를 통해서 거절하는 쪽을 좋아한다. 초대장을 보내면 참석하겠다고 답장을 보내지 않을 수 있다. 답장을 보냈다면, 참석해야 하는 큰 의무감을 느끼게 될 것이다.

기업 행사 전에는 비서들이 누가 오려고 하는지 파악하느라 전화하는데 많은 시간을 들인다. 이 단계일지라도 긍정적인 답변이 참석을 보장하지는 않는다. 고위 공무원처럼 VIP가 귀빈이면, 행사 참석률이 훨씬 높아진다.

온라인 세대

필리핀인은 가족, 친척, 바카다 barkada(친구)와 가능한 많은 시간을 보내길 좋아한다. 소셜 미디어는 필리핀인의 행동에 큰 영향을 미쳤다. 필리핀인들은 주로 페이스북과 인스타그램 등의 온라인에서 하루 평균 4시간을 보낸다. 또한 필리핀 사람들은 온라인을 사용하는 시간을 순위로 매기면 하루 9시간으로 1위를 차지한다.

전체 필리핀인 중 75%가 소셜 미디어를 사용하고 있으므로, 특히 대도시에서 페이스북 계정이 없으면 매우 이상한 사람이라고 생각한다. 필리핀 사람들은 페이스북 계정이 없으면 왜 없는지 물어보거나, 계정이 있어도 어떤 이유로 자신들을 친구로 추가하길 원치 않는다고 생각할 수 있다. 어떤 사람들

은 심지어 뭔가 숨긴다고 생각할 수도 있다. 이런 경우에는 너무 바빠서 사용할 시간이 없다고 하거나, 예전에 사용했지만 얼마 후에 싫증 났다고 설명해주는 것이 좋다.

어떤 필리핀인은 잠깐 가볍게 얘기를 나눈 후에 단지 온라인에 외국인 친구가 있다는 즐거움을 위해 당신을 페이스북에 친구로 추가할 것이다.

사실 필리핀인에게는 소셜 미디어가 아주 중요해서 계정이 있으면 매우 유용하다는 점을 알게 된다. 친구를 빨리 사귀고 싶거나 행사 정보를 알고 싶거나 호텔이나 식당을 예약하고 싶으면, 페이스북이 꼭 필요하다. 페이스북 계정이 없으면, 이를테면 생일 파티에 초대받고 싶지 않거나 방해받고 싶지 않다고 생각할지도 모른다.

필리핀인이 소셜 미디어에서 선뜻 공유하는 정보가 때로는 서양인의 기준으로 보면 매우 개인적인 정보일 때가 있다. 필리핀 사람은 가족이 죽으면 온라인에 그 소식을 올리고서, 아는 사람이 조의를 표하며 장례식장에 오길 기대한다. 새로운 파트너를 얻거나, 어떤 이유로 슬프거나, 심지어 슈퍼마켓이나 사무실에서 일어난 사건에 대해 분노 표출하기 등과 같은 일은 흔히 친척과 친구들한테서 지지를 끌어내려고 온라인에 공개적으로 게재한다. 직접 만나면 신중하게 보였던 많은 필리핀인들이 실제로 온라인에서는 매우 다르게 행동하는 모습을 꽤 자주 보게 된다. 특히 정치나 종교에 대해 공개적으로 토론하면 기분 나쁜 쪽으로 악화될 수 있으므로 피하는 편이 좋다. 또한 필리핀 사람은 외국인이 필리핀과 필리핀 사람에 대해 달갑지 않은 뉴스를 올리면 쉽게 화를 낼지도 모른다. 소셜 미디어에서 논쟁이 일어나면, 특정 개인과 관련이 없는 내용을 게재했더라도 순식간에 우정에 금이 갈 수 있다.

데이트하기

이렇게 형식적으로 보수적인 국가에서는 외모가 중요하다. 실제로 혼전 성관계가 드물지는 않지만, 당연히 가족의 명예를 지키는 것은 중요하다. 오늘날의 젊은이들은 점점 더 많이 데이트 앱을 이용해서 만난다.

이웃 국가와는 달리 필리핀 사람은 영어를 잘해서 적어도 언어적인 관점에서 보면 의사소통이 수월하다. 필리핀인이 온라인에서 많은 시간을 보내다 보니, 많은 외국인들은 페이스북을 통해(보통 소셜 미디어 웹사이트에 있는 공통 연락망을 이용) 필리핀 여자 친구를 사귄 후에 필리핀에 온다. 이때가 조금 주의를 기울여야 하는 부분이다. 성공적인 연애 결혼을 할 수도 있지만, 흔히 아주 가난한 지방 출신의 일부 여성들은 배우자가 자신뿐만 아니라 가족 전체의 생계를 책임져주길 바란다. 어떤 여성들은 필리핀을 떠나는 방법을 찾을 것일 수도 있다. 하지만 외국 영사관은 커플이 온라인에서 만난 지 얼마 되지 않았다면, 아무리 거세게 항의하더라도 필리핀 여성에게 여행 비자를 발급해주길 꺼린다. 일반적으로 말하자면, 두 사람의 교육 수준이 비슷하면 연애결혼이 성공할 가능성이 높은 것 같다.

매년 메트로마닐라에서 열리는 동성애자 퍼레이드(Metro Manila Pride March)

　　반면 필리핀 남자와 외국인 여자가 연애로 만나는 커플도 있지만, 훨씬 드물다.

동성애

필리핀 사회는 종교적인 문제에 관해 매우 보수적이지만, 성소수자LGBTQ에 대해 매우 개방적이다. 동성애는 합법이며 동성 혼인 관계가 인정된다. 흥미롭게도 일부 게이 필리핀 남자들은 독실한 가톨릭교도이라서 동성애 결혼에 반대한다. 게이, 레즈비언, 성전환자라고 공개한 사람들은 대개 필리핀 전역에서 인격적으로 대접받으며, 거의 모든 직업에서 일하고 있다. 말라테의 낙필 거리는 성 소수자의 중심지다.

05

일상생활

메트로마닐라의 부유한 필리핀인들은 대체로 '빌리지'나 아파트 또는 가족용 주거단지에 살고 있다. '빌리지'는 외부인의 출입이 제한되는 주거용 지역으로, 부지로 땅을 나눈다. 부지를 구입한 사람은 자신에게 맞는 집을 짓는다. 각 빌리지는 자발적인 주민위원회와 함께 빌리지 자치회에서 관리한다. 주민들이 관리비를 내면, 자치회에서 유지관리와 보안을 꾸려나간다.

주택

마닐라에 있는 주택은 부유하고 유명한 사람이 사는 어마어마하게 넓고 호화로운 저택에서부터 나무 판잣집과 심지어 가난한 노동자들이 지은 종이 오두막에 이르기까지 다양하다. 최근에 정화작업이 있기 전까지는 수천 명의 사람들이 스모키마운틴이라는 쓰레기 매립장에서 살았다. 많은 지역에는 제대로 된 위생시설을 갖추지 못해서 정화 처리하지 않은 오물과 쓰레기가 곧바로 강으로 흘러 들어간다.

메트로마닐라의 부유한 필리핀인들은 대체로 '빌리지'나 아파트 또는 가족용 주거단지에 살고 있다. '빌리지'는 외부인의 출입이 제한되는 주거용 지역으로, 부지로 땅을 나눈다. 부지를 구입한 사람은 자신에게 맞는 집을 짓는다. 각 빌리지는 자발적인 주민위원회와 함께 빌리지 자치회에서 관리한다. 주민들이 관리비를 내면, 자치회에서 유지관리와 보안을 꾸려나간다. 대부분의 빌리지는 벽으로 둘러싸여 있고, 외부인의 출입을 통제하는 대문과 경비원이 있다.

경제가 성장함에 따라 주거 및 사무용 고층 빌딩의 수가 지난 15년간 급격히 증가했다. 이런 모습은 보니파시오 글로벌

• 집에 필요한 상자 •

마닐라에 도착한 물건을 다 풀었을 때 포장재를 전부 어떻게 해야 할지 몰랐는데, 걱정할 필요가 없었다. 집주인의 정원사가 오더니 나무, 종이, 판지 등을 다 가져가도 되냐고 물었다. 정원사의 친구가 지프니를 몰고 와서 운반을 도와줬다. 그들은 '벽지'에 덧발라서 집을 튼튼히 하는데 포장지가 필요했다.

시티^{BGC}로 잘 알려진 포트 보니파시오와 오르티가스처럼 마카티의 스카이라인과 마닐라의 새로운 지역에서 가장 뚜렷하게 볼 수 있다. 마카티에는 크고 호화로운 고급 아파트가 있어서 임원이 겨우 5분 만에 출근할 수 있는 반면에, 포트 보니파시오에는 탁 트인 공간이 있어서 마카티까지 차로 10분이 걸리더라도 괜찮다. 이런 아파트는 보안이 철저하다.

일부 부유한 필리핀 사람은 가족용 주거단지에 산다. 전통적인 필리핀 가정은 아이들이 자란 후에도 따로 나가서 살지 않는다. 공간과 자금이 충분하다면, 같은 주거단지 내에 신혼부부를 위한 집을 따로 짓는다. 특히 보안 문제를 염려하는 중국계 필리핀인들이 사는 가족용 주거단지는 높은 담벼락에 둘

마닐라 남부의 포르토피노 빌리지에 있는 고급 주택

러싸여 있고 경비원이 24시간 근무한다.

일부 중산층 필리핀인들은 값비싼 빌리지보다 보안이 취약하고 부지가 작은 '구역'에 산다. 다른 사람들은 마카티 중심업무지구 외곽에 위치한 타운하우스나 아파트에 산다. 많은 사람들은 교통이 힘들더라도 교외에 살 정도의 여유밖에 없어서 집과 직장을 오가느라 많은 시간을 길에서 보낸다.

시골 지역에서는 부유한 사람들이 콘크리트 구조물에 살고, 나머지 사람들은 야자수 잎으로 지붕을 얹고 대나무로 만든 오두막에 살고 있다.

【 임대 】

집이나 아파트를 빌릴 때는 일반적으로 일 년 치 집세를 선불로 주고 1~2달 치의 월세를 보증금으로 낸다. 집주인이 임대기간 동안에 유지보수와 수리를 어느 정도 해줄지는 계약서가 아니라 집주인과 세입자 간의 관계에 따라 달라진다. 대부분의 국가에서도 그렇듯이, 세입자의 수리 요청에 즉시 응하며 좋은 관계를 맺는 훌륭한 집주인도 있고, 돈만 밝히는 집주인도 있다. 마카티나 보니파시오 글로벌 시티와 같은 지역의 콘도미니엄은 외국인 거주자가 점점 늘어나고, 수천 명의 중국인들이 '외국인 전용 온라인 카지노 사업체POGOs'에서 일하려고 오기 때문에 가격이 부쩍 높아졌다.

【 집에 신의 가호가 있기를 】

가톨릭신자인 필리핀 사람은 새집으로 이사하면 친구들과 함께 집에 신의 가호가 있기를 빌며 축하한다. 사제가 기도하며 집 구석구석에 성수를 뿌리고, 가족의 수호 성인상을 모실 수도 있다. 그다음에 손님들은 이날을 위해 차려진 다양한 음식을 즐기면서 집주인의 번영을 기원한다. 집주인은 신의 은총과 친구들의 지지를 받아 행복과 번영이 깃든 진정한 집이 되길 바란다.

일상생활

메트로마닐라에 사는 필리핀인들은 주로 교통 혼잡에 관심이 많다. 영국인들이 날씨에 대해 끊임없이 말하듯이, 필리핀인은 교통을 계속 얘기한다. 많은 필리핀인들은 통근 열차가 없는 도시에서 멀리 떨어진 지역에 살거나 도로에서 보내는 시간을 줄이기 위해서나, 그렇지 않으면 그 두 가지 이유로 이르면 새벽 5시 30분에 집을 나선다. 아침 7시쯤이면 이미 교통이 막히기 시작한다. 어떤 이들은 이른 아침 식사를 건너뛰고, 구내식당이 있으면 사무실이나 일터에 도착해서 먹는다. 오전에는 메리엔다(간식)를 먹는 중간 휴식 시간도 있다.

도시에 더 가까이 사는 부유한 사람들은 회사까지 데려다주는 운전기사가 있다. 도시에서 멀리 떨어져 사는 이들 중 일부 부유층은 도시의 여러 빌딩 지붕 위에 착륙할 수 있는 헬

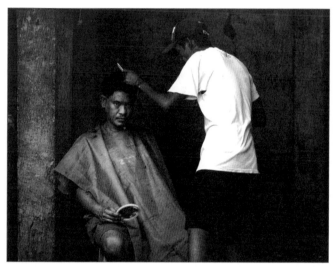
파나이의 콘셉시온에서 거리 이발을 하는 모습

리콥터를 자체적으로 보유하고 있을 수도 있다.

　점심시간은 보통 오후 12시부터 1시까지로, 그 시간에는 식당과 술집이 엄청 붐빈다. 대부분의 사람들은 새벽 6시에 아침을 먹어야 하고 중간에 겨우 '간식'만 먹어서 그때쯤이면 배고픈 시간이다. 12시 30분에 쇼핑몰에서 점심을 먹고 싶어도 운이 좋아야 자리에 앉을 수 있으며, 푸드 코트에는 긴 줄이 늘어서게 된다. 푸드 코트는 보통 지하에 있어도 에어컨 시설을 갖추고 있고, 필리핀 요리, 여러 종류의 패스트푸드, 디저트, 과일, 음료수 등을 다양한 판매대에서 팔고 있다. 점심식사 후에 사무실 직원들은 책상에 머리를 기대고 잠깐 시에스타(낮잠)를 잘 수 있다. 밖에서 일하는 사람들은 바닥에 몸을 쭉 뻗고 드러눕는다. 특히 아침 일찍부터 일하러 나온 사람들은 한낮의 뙤약볕에 진짜 기진맥진해진다.

기업 임원들은 고객과 함께 점심을 먹기도 한다. 비즈니스에서는 관계가 가장 중요하므로 다른 사람을 만나는 기회는 항상 놓치지 말아야 하며, 절대로 서둘러서 식사해서는 안 된다.

일이 끝나자마자, 집으로 돌아가는 긴 여정이 시작된다. 급한 일을 마치기 위해 초과근무가 필요하다면, 야근 수당을 주지 않는 한 선뜻 받아들이지 않는다. 집에 가면 (주로 여자들이) 해야 할 집안일이 있고, 아이들과 시간을 보낸다. 초저녁에는 다음 날 아침 일찍 출근할 준비를 해둔다.

가족과 아이들

가족의 중요성은 1987년 필리핀 헌법에 이렇게 명시되어 있다. "국가는 필리핀 가족을 국가의 토대로 인정한다. 따라서 국가

안티폴로 시티에서 친구들과 있는 아이들 모습

는 가족의 결속력을 강화하고 전반적인 발전을 촉진한다." 결혼은 가족을 강화하기 위한 '신성한 사회제도'로 여기고, 가족은 '가족의 최저생계비와 소득'에 대한 권리를 가진다.

가족 내에서 아이들은 매우 중요하다. 많은 필리핀인은 여전히 대가족을 이루고 있으며, 아들과 딸을 다 갖고 싶어 한다. 일반적으로 어린 아이들에게 매우 관대해서 훈육은 나중에 한다. 갓난아기와 유아는 대가족이라서 가능한 키스와 포옹, 안아주기와 관심을 받는다. 엄마가 일하면, 조부모가 종종 육아를 책임진다. 그렇지 않으면, 흔히 마닐라에 처음 온 친구

• 아기를 혼자 두지 말아요! •

어느 날 한 여자가 뒷문으로 우리 집에 들어와서 방을 뒤지다가 아내의 보석을 발견했다. 그 여자는 계단을 내려오다가 아들의 야야(보모)를 만나자, 이렇게 말했다. "난 아바드 박사예요. 왜 아기를 혼자 방에 뒀죠?" 야야가 방으로 달려간 사이에 사기꾼 여자는 보석을 들고 달아났다.

딸이나 10대 사촌 중에서 가정부를 구한다. 대부분의 젊은 필리핀 여자들은 대가족에서 자라서 아기와 같이 지내는 게 익숙하기 때문에 아기를 좋아하는 것 같다. 외국인들은 필리핀 여자 종업원이나 판매원이 아기를 안거나 만지더라도 놀라지 말아야 한다.

아기는 절대로 혼자 두지 않으므로 야야(보모)가 함께 잔다. 많은 외국인들은 다른 일을 하는 동안에 아기가 혼자 잘 수 있다고 야야에게 말하지만, 그렇게 하면 야야는 불안해한다.

대부분의 가정에서는 아이가 학교에 들어갈 나이가 되면 부모가 훈육을 시작한다. 그때가 되면 아이들은 집안일을 돕고, 어린 동생을 돌봐야 한다. 앞으로 아이들의 성공에 교육이 꼭 필요하다고 여기므로 학교 공부를 중요하게 여긴다.

아이들은 어른에 대한 존경심, 예의, 사회적 민감성, 인내, 복종을 배운다. 형제간 싸움은 가족 간의 화합과 협동을 유지하기 위해서 엄격하게 다룬다. 아이들을 혼내는 흔한 방법은 놀리는 것이다. 이렇게 하면 직접적으로 비난하지 않으면서도 아이들의 행동에 다른 사람이 어떻게 생각하는지를 전달할 수 있기 때문이다. 가정교육을 잘 받은 필리핀 아이들은 대체로 얌전하고 예의 바르지만, 일부 부유층 가정에서는 유아기 때 계속 오냐오냐 받아줘서, 옆의 직원에게 명령하고 스스로 아무것도 안 하는 버릇없는 아이들로 키우게 된다.

10대들은 바카다(또래 집단)와 어울려 다닌다. 남녀 관계가 생길 수도 있지만, 대체로 집단에 집중한다. 여자아이의 18번째 생일은 특별한 날이다. 부유한 가정이라면 호텔에서 데뷔 무도회를 열어서 턱시도와 드레스를 입고 가족과 친구들을 공식적인 행사에 초대한다.

젊은 필리핀 여성들은 가족이 원치 않는 결혼을 쉽게 하지 않는다. 결혼은 단지 두 사람이 아니라 두 가족이 함께하는 것이다. 신혼부부는 어려운 문제에 대해 부모와 조부모에게 조언을 구할 것이다. 비록 대도시에서는 이런 풍습이 빠르게 변하고 있더라도 말이다.

젊은 가족 구성원은 이젠 온갖 정성을 다해 모시지 못하더라도 함께 지냄으로써 나이 든 사람들에게 존경과 감사를 보여준다. 나이 든 가족을 돌보는 것은 가족의 책임이며, 1987년 헌법에서 보장하고 있다. "가족은 연로한 가족을 돌봐야 할 의무가 있지만, 국가도 공정한 사회정의 계획을 통해 그렇게 할 수 있다."

【 사람들과 어울리기 】

부유한 집의 아내는 일하지 않을지도 모르지만, 집에서 일하는 직원을 관리하고 운동하러 헬스장을 가고 친구를 만나고 지역사회나 자선사업에 참여하며 시간을 보낸다. 밤에는 남편과 함께 초대받은 행사에 참가한다. 필리핀인들은 사람들과 어울리기를 좋아하며, 마닐라에는 다양한 행사가 많이 열린다. 외교관들은 마닐라가 가장 활발하고 즐거운 파견지라는 걸 알지만, 자신들의 파견연장 요청에 이의가 없도록 하려고 입을 꾹 다문다!

덜 부유한 사람들은 시간, 피로감, 가족 때문에 사회 활동에 제한을 둔다. 하지만 외출하면 교회 활동이나 운동을 하거나 노래방에서 즐긴다.

가족 행사

【 결혼식 】

상류층과 중산층은 결혼식을 성대하게 치른다. 웨딩드레스, 교회 장식, 많은 하객을 위한 피로연을 준비하는데 엄청나게 많은 돈이 들어간다. 대부분은 제삼자의 후원을 받는다.

결혼 후원자는 사회적 지위에 따라 정해진다. 저명한 정치인, 성공한 사업가 또는 회사 임원 등이 이에 해당할 수 있다. 주요 후원자는 신혼부부의 대부모로 여겨지는데, 필리핀 문화에서는 필요할 경우에 책임지고 신혼부부의 경력을 도와줘야 한다. 주요 후원자가 되어 달라는 부탁을 받는 것은 큰 영광이다. 결혼식에는 양초 후원자나 면사포 후원자처럼 여러 명의 다른 후원자가 있을 수 있다. 이들은 대개 가족이나 친구들이며 각자 맡은 일이 있다.

결혼식은 서양의 가톨릭교회 양식에 따라, 신랑신부가 결혼 서약을 하고 사제가 짧은 주례를 하고, 결혼신고서에 서명을

한다. 결혼식이 끝난 후에는 신부와 신랑 가족이 주관하는 피로연이 식당이나 사교클럽에서 열린다. 피로연에는 양측 가족이 더 많은 친구들을 초대해서 하객 수가 상당히 많아진다. 하객들은 신랑신부에게 인사하기 전에 피로연장 입구에 놓여 있는 테이블에 가져온 선물을 둔다. 피로연에서는 사진을 찍고 호화로운 식사를 하고 케이크를 자른다. 신랑신부가 서양식 결혼을 따른다면 연설도 한다.

모든 과정이 전형적인 서양식 결혼처럼 보이지만, 중요한 사회적 차이가 있다. 필리핀 결혼은 두 사람의 결혼이 아니라 두 가족의 결혼이다. 서로 불쾌해지는 일이 없어야 한다! 가족의 유대감은 견혼을 통해 형성되고, 필리핀 여성과 결혼한 일부 서양 남자가 모르는 일정한 책임이 뒤따른다. 남편은 부유한데 처가가 그렇지 않다면, 남편이 처가 식구를 금전적으로 부양해주기를 기대한다. 외국인 임원은 친척들에게 일자리를 찾아줘야 한다. 이런 점을 사전에 이해하지 않으면, 결혼생활이 순탄치 않을 수 있다.

【 세례식 】

유아세례는 종교적인 이유라기보다 대부(니농)와 대모(니낭)가 아기와 특별한 관계를 맺는다는 사실 때문에 필리핀인에게 중요한 의식이다. 대부모는 선물보다 더 많은 것을 해줘야 한다. 대부모는 대자녀에게 조언하고 지원해주는 부모와 같은 역할을 해야 한다. 대부모는 아이에게 물질적인 도움을 주거나 나중에 일자리를 얻도록 도와줄 수도 있다. 친부모와 대부모는 단순한 친구 이상으로 가까워지고, 서로 가족과 꼼빠드레(친구)로 생각한다.

　서양인이 대부모가 되어달라는 요청을 받으면 영광으로 받아들여야 한다. 동시에 아이의 부모는 서양인을 대부모로 둔다는 점에서 많은 존경을 받게 된다. 외국인 대부모는 대개 세례식에 참석하고 매년 후한 선물을 주는 정도의 책임만 진다. 평생 아이와 상사가 아니라 가까운 친구 관계가 되길 바란다.

【 장례식 】

대가족 중에서 누군가 죽으면 유족은 상중에 들어간다. 가족들은 유대관계가 가깝고 진심으로 슬퍼한다. 가족, 친구, 지인들은 장례식 전에 며칠 동안 빈소에서 밤을 새는데, 이때 방문하는 것이 장례식에 가는 것보다 더 중요하다. 상사는 직원의 부모나 배우자가 죽으면 빈소를 찾아가서 밤을 새야 한다.

빈소는 교회의 개인실에 차리거나, 그럴 여유가 없는 사람이라면 집에다 차릴 수 있다. 시신은 조심스럽게 다룬 후에 관에 넣고 열어둔다. 빈소에 온 사람들은 모두 도착한 후 참석자 명단에 이름을 적는다. 조문객들은 유족을 뵙고 조의를 표한 후에 관으로 가서 조문한다. 조문객들에게는 음료수가 제공된다. 슬픔에 빠져 있어도 사람들과 어울릴 기회는 절대로 놓쳐서는 안 된다. 빈소 마련과 장례식에 상당한 비용이 들다 보니, 가까운 친척이 사망한 경우에는 회사에서 그 직원을 도와

주기도 한다. 사무실에서는 장례비용이나 조화에 보태라고 동료를 위해 조의금을 모아서 전달한다.

필리핀인은 사망에 따른 자연스러운 상실감을 느끼면서 신앙심으로 내세를 깊이 믿게 된다.

가사도우미

필리핀을 방문하는 서양인들은 필리핀 가정의 독특한 특징인 가사도우미를 반드시 알아둬야 한다. 예전에는 많은 가사도우미가 한 가족을 위해 평생 일했었다. 고용주에게 정이 많이 든 가사도우미는 확실히 믿고 신뢰할 수 있었고, 아이들의 안전을 위해서라면 목숨을 걸 수도 있다는 점을 알고 있어서 아이들을 믿고 맡길 수 있었다. 대신에 고용주는 유사시에 그들의 가족을 돕고, 자녀 교육비를 대주고, 평생 거처할 곳을 마련해주며 가사도우미에게 잘 대해줬다. 흔히 가사도우미의 자녀는 그 집에서 '견습생' 제안을 받기도 했다.

부유한 필리핀 가정에서 일하는 가사도우미에게는 나쁘지 않은 삶이다. 그들은 함께 얘기하고 농담을 나누고 결코 외롭지 않다. 게다가 대저택에는 하녀의 숙소가 있을 정도로 공간이 많다. 외국인들은 흔히 혼자 외롭지 말라고 두 명의 도우미를 고용한다. 두 사람이 친척이거나 적어도 같은 지방 출신이라서 같은 언어를 쓴다면 잘 지낼 가능성이 더 많다.

일반적으로 필리핀 고용주는 외국인 고용주보다 임금을 더 적게 주지만, 가사도우미의 사생활에 더 많이 관여함으로써 유사시에 도와줄 수도 있다. 보통 외국인이 필리핀을 떠나면 고용이 종료되지만, 많은 외국인들은 다음 부임지에 자신의 가사도우미를 데려간다.

가사도우미는 외국인 고용주가 더 많은 보수를 준다는 걸 알지만, 그런 일을 하려면 영어 실력이 반드시 필요했다. 하지만 영어를 잘하는 믿을 만한 도우미는 찾기가 쉽지 않다 보니, 그런 사람은 고용주를 선택할 수 있다. 다른 아시아인보다 덜 까다롭고 더 관대한 것처럼 보이는 '백인' 외국인(미국인, 영국인, 호주인, 유럽인)을 선호하는 인종차별이 분명히 있다.

필리핀인은 대체로 가사도우미에게 엄격해서 2주마다 겨우 하루의 휴가를 준다. 근무시간은 아침 식사 준비로 일찍 시작해서 어쩌면 고용주가 먹거나 마실 것을 더는 원하지 않을 때가 되어서야 끝날 정도로 길다. 야야yaya(보모)는 아이를 돌보면서 같이 자고 항상 책임져야 한다.

반면에 일부 외국인들은 가사도우미에게 너무 스스럼없이 친질하게 대해서 가족과 함께 텔레비전을 보거나 먹자고 권한다. 도우미들은 보통 혼자서 먹으면서 쉬는 편을 좋아하므로 그렇게 권하면 난처해한다. 가사도우미가 고용주를 친구로 여겨 아무렇지 않게 고용주의 배려를 이용하면 고용관계가 흐려져서 위험하다. 좋은 도우미를 선택하려면, 필리핀 가정에서 일하다가 곧바로 온 사람과 외국인 가정에서 '제멋대로' 굴지 않았거나 고용관계를 헷갈리지 않은 사람 중에서 골라야 한다는 점을 꼭 알아둬야 한다.

가사도우미 내에는 단순히 나이를 뛰어넘는 서열이 존재한다. 요리사는 음식을 맡기 때문에 가장 서열이 높다. 그다음은 보모이고, 청소와 빨래를 담당하는 하녀가 뒤를 잇는다. 어떤 가정에서는 세탁을 담당하는 라반데라^{lavandera}(세탁부)가 따로 있다. 어떤 도우미는 요리와 빨래와 다림질도 할 수 있고, 아이도 잘 돌보는 다방면에 뛰어난 '만능' 도우미라고 말할지도 모른다. 대부분의 외국인들은 필리핀 가정의 엄격한 위계질서를 따르기보다 '만능' 도우미를 고용하고 싶어 한다.

운전기사가 있는 경우에는 지시를 내리거나 심부름을 보내기 전에 운전기사가 뭘 해야 하는지를 정확히 이해하고 있는지 반드시 확인해야 한다. 운전기사는 "알겠어요?"라고 물으면, 모르더라도 "네"라고 대답할 것이다. 운전기사는 고용주가 소유한 물건 중에서 가장 비싼 차를 맡고 있다는 사실로 우쭐댈 만한 자리를 차지한다. 운전기사는 여성 도우미의 지시를 따르지 않는다(단, 요리사는 예외다. 그렇지 않으면 요리사가 먹을 것을 주지 않을 수도 있으니까!). 하지만 운전기사는 고용주의 지시만 따르니까, 서로 제대로 이해하고 있는지 꼭 확인해야 한다.

교통사고를 겪은 운전기사는 아마 처음에 웃을 것이다. 재밌어서 웃는 게 아니라, 걱정되고 두렵기 때문에 웃는 것이다. 운전기사는 아내와 여러 명의 자녀가 있더라도 여자아이를 빤히 쳐다봐서 집안에 말썽을 일으킬 수 있기 때문에 유심히 지켜봐야 한다.

【비상시에 돈 빌려주기】

'부유한 외국인'이라면, 아마도 언젠가 돈을 빌려달라는 부탁을 받게 될 것이다. 필리핀 사람은 불가피하게 가족에게 위급한 상황이 일어나면, 고용주가 도와줄 수 있다고 생각한다. 의료적인 응급 상황처럼 진짜로 도움이 필요해 보이면 도와주려고 한다. 하지만 한동안 일을 잘했고 성격을 아는 사람이 아니라면 고용주를 속일 수 있다. 약속한 날짜에 돈을 갚기로 했더라도, 돈을 갚지 않을 경우를 대비해야 한다. 융자금의 일부를 탕감해줘야 할 수도 있다. 심지어 정직한 도우미도 돈을 갚지 못해 난처해질 바에야 차라리 달아나버릴지도 모른다.

부유한 필리핀인과 돈을 잘 버는 외국인은 일반적으로 가사도우미, 운전기사, 정원사, 수영장 관리인 등을 둔다. 이들을 어떻게 선택하고 관리하느냐에 따라 도움이 될지 아니면 불만이 될지가 결정된다. 필리핀 가정은 분명한 기본원칙과 적절한 고용관계를 정해 두고서 일을 잘하는 직원에게 잘 대해준다. 모든 직원은 일을 시작하기 전에 할 일과 하지 말아야 할 일을 정확히 알도록 분명한 지침을 받아야 한다.

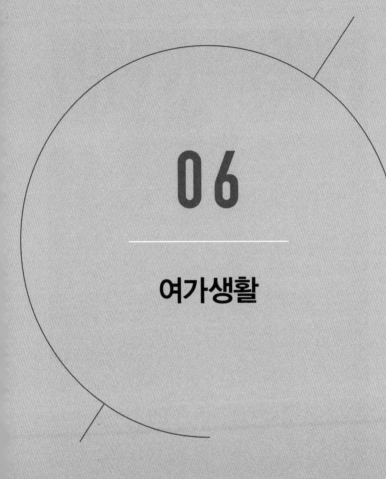

06

여가생활

스포츠는 많은 필리핀인의 생활에서 중요한 부분을 차지한다. 필리핀 사람들이 가장 좋아하는 스포츠는 농구다. 대부분의 사람들은 텔레비전으로 농구 경기를 열정적으로 시청한다. 대부분의 운동은 할 기회가 별로 없지만, 농구는 길거리에서 할 수 있다.

필리핀은 관계에 바탕을 둔 사회라서 사람들이 온종일 사무실에서 시간을 보내지는 않는다. 필리핀인은 돈이 더 필요하면 야근을 하겠지만, 가족과 친구들과 보내는 여가 시간을 매우 중요하게 여긴다. 필리핀 사람들은 여가를 어떻게 보낼까?

쇼핑

쇼핑은 대부분의 도시 사회에서 대중적인 여가활동이다. 필리핀에는 전 세계에서 가장 큰 쇼핑몰 20개 중 다섯 곳이 있는데, 이들 쇼핑몰은 주말과 공휴일에 사람들로 붐빈다. 보통 쇼핑몰은 오전 10시쯤 문을 열어서 저녁 9시 30분까지 일주일 내내 운영한다. 급여일이 금요일과 겹치는 날에는 저렴한 상품을 특가 세일로 파는 '한밤의 도깨비 쇼핑'을 밤에 연다. 이런 밤에는 쇼핑몰 주변의 교통이 엄청나게 막힌다. 대중교통으로 가기에 먼 곳에 있는 쇼핑몰은 대체로 디자이너 숍과 고급 식당이 들어서 있어 더 비싸다. 그런데도 주말에는 사람들로 북적거린다.

쇼핑몰에 특히 사람들이 몰려드는 이유는 에어컨 시설이

파사이의 베이 시티에 있는 아시아 쇼핑센터 SM몰 내부 모습

있기 때문이다. 집에 에어컨이 없는 대부분의 필리핀 사람들은 시원한 환경에서 편히 쉬면서, 상점도 둘러보고, 영화도 보고, 식사할 수 있다.

스포츠와 게임

스포츠는 많은 필리핀인의 생활에서 중요한 부분을 차지한다.

필리핀 사람들이 가장 좋아하는 스포츠는 농구다. 대부분 사람들은 텔레비전으로 농구 경기를 열정적으로 시청한다. 대부분의 운동은 할 기회가 별로 없지만, 농구는 길거리에서 할 수 있다.

타알 화산 거리에서 농구 경기를 하는 모습

【농구】

많은 외국인들은 "필리핀 남자들은 대부분 키가 별로 크지 않은데도, 왜 다들 농구 경기를 할까요? 왜 자신들의 체구에 더 잘 맞는 운동을 하지 않죠?"라고 묻는다. 미국의 영향과 미국과 필리핀 농구 경기를 텔레비전으로 많이 중계하고 있기 때문이라고 답할 수 있다. 하지만 더 중요한 이유는 농구가 장소를 많이 차지하지 않으면서 비싼 장비가 필요 없기 때문이다. 축구와 미식축구와 비교해보면, 농구는 악천후를 피하는 곳이나 야외에 있는 좁은 공간에서 할 수 있다. 따라서 일 년 내내, 심지어 우기에도 농구 경기를 할 수 있다.

모든 시골 마을에는 콘크리트 농구장이 있다. 농구장은 일단 만들면, 유지비가 아주 적게 들고 공 값도 얼마 안 든다. 빈민 지역에서는 거리에 농구 골대를 세우면 마을 남자아이들이 재미있게 농구 연습을 할 수 있다. 그래서 많은 필리핀 남자들은 특히, 마닐라의 경우 공간과 비용 때문에 다른 운동을 할 수가 없다. 농구팀은 강한 협동심과 이기려는 대단한 투지가 있다.

필리핀에는 다국적 석유 기업 셸이나 맥주 회사 산 미구엘과 같은 대기업의 후원 덕분에 자체적인 프로농구리그가 있는

데, 경기 수준이 꽤 높다. 팬들은 열띤 응원을 하고, 경기 티켓은 사전에 대개 매진된다. 하지만 티켓이 없더라도, 텔레비전으로 경기를 볼 수 있다.

【 골프 】

골프장은 지난 15년간 그 수가 급격히 증가했다. 가장 유명한 골프장은 마카티와 포트 보니파시오 사이의 주요 지대를 차지한 마닐라 골프와 컨트리클럽이다. 양도 가능한 골프 회원권의 가격은 2020년에 약 4,500만 페소(약 88만 8천 달러)였다. 회원권이 비싼 이유는 골프장 부지가 가치 있기 때문이다. 그러다 보니 일부 회원은 골프를 치는 사람이 아니라 단지 투기꾼일 뿐이다. 골프 회원들은 오전 6시에 골프를 치기 시작해서, 9홀 경기를 하고, 아침을 먹고, 오전 9시까지 사무실에 출근할 수 있다.

　마닐라 외곽에 지은 새 골프장 중, 특히 1시간 30분 거리에 위치한 따가이따이에 있는 골프장은 해발 약 500미터 높이에서 화산 호수가 내려다보이는 멋진 장관을 갖고 있다. 하지만 공사 중인 골프장의 주식을 사는 것은 조심해야 한다. 골프장이 완공되지 않을 수도 있으니까!

사업가에게 골프는 아주 중요한 게임이 된다. 골프장에서는 비즈니스 관계가 형성되면서 공고해지므로, 금요일 오후에 골프 한 게임을 하자는 권유를 가볍게 여기거나 거절해서는 안 된다.

【축구】

필리핀은 월드컵 예선전처럼 국제 축구대회에 출전하지만 성적이 실망스러운 수준이다. 마닐라의 모든 사립 필리핀 학교에서는 아이들이 축구를 하는데, 그중 일부 학교는 경기장이 최대 10개나 있을 정도로 운동장이 크다. 시골 지역에서는 후원을 통해 축구를 더 많이 하고 있다. 하지만 장기적인 혜택은 아직 실현되지 않았다. 가난한 집안의 재능 있는 운동선수는 돈을 많이 벌 수 있는 농구를 선택한다. 부유하고 좋은 교육을 받은 아이들은 사업에 뛰어들고, 단지 재미로만 축구를 한다.

외국인이 주최하는 6인제 미니 월드컵 축구 경기가 열리는 주말은 그해 최고의 주말이 된다. 16세부터 60세(!)까지의 선수들이 각국을 대표해서 뛰면 열정과 감정이 최고조에 이른다. 스페인계 메스티소(스페인인과 원주민의 피가 섞인 사람-옮긴이) 선수가 여러 명 있는 필리핀 팀은 항상 대체로 경기 성적이 매우 훌륭해서 결승전에 자주 오른다.

【볼링】

핀 10개로 하는 볼링은 마닐라에서 상당한 인기를 끌고 있다. 직장에 볼링팀이 없어도 으레 사교 모임에 볼링이 등장할 정도로 인기가 높다. 그러다 보니 필리핀이 세계 볼링 챔피언인 팽 네포무세노Paeng Nepomuceno를 자랑해도 놀랍지 않다. 볼링을 잘해서 이기는 것보다도 적극적으로 볼링 경기에 참여해서 같은 팀원이 되는 것이 더 중요하다.

【포켓볼】

포켓볼은 필리핀이 세계 챔피언인 에프런 레이즈를 보유한 또 다른 스포츠다. 포켓볼장이 대단히 많아서 많은 사람들이 포켓볼을 할 수 있다.

【체스】

체스는 교육 수준이 높은 지식인뿐만 아니라 사회 모든 분야의 사람들이 즐긴다. 부유한 집과 가족을 지키는 경비원들은 흔히 체스를 두며 시간을 보낸다. 필리핀은 수년간 국제 체스

안티폴로 시티의 인도에서 체스를 두는 모습

대회에서 좋은 성적을 거뒀으며, 국제체스연맹의 회장직을 역임했었다. 하지만 2개의 연맹이 서로 경쟁하며 갈등을 일으켜서 2개의 국가대표팀이 국제대회에 참가하려고 시도했었다. 사실 최고 수준의 스포츠는 종종 스포츠 협회나 특정 스포츠의 책임자를 맡으려고 서로 다투는 공무원과 정치인들이 망치고 있다. 고위직에 오르면 올림픽을 비롯한 해외에서 열리는 대회에 여행가는 혜택을 확실히 누릴 수 있기 때문이다. 카비테 출신의 웨슬리 소Wesley So는 세계 최고의 체스 선수이자 현재 세계 피셔 랜덤 체스 챔피언이다.

【 스포츠클럽 】

마닐라에는 여러 개의 스포츠클럽이 있지만, 가입하기에 저렴한 곳은 하나도 없다. 가장 비싼 곳은 마닐라 폴로 클럽으로, 폴로 외에도 테니스, 수영, 야구, 스쿼시, 장애물 뛰어넘기, 골프 연습장을 포함해 다양한 활동을 제공한다. 폴로는 부자의 스포츠지만, 말과 기수는 일요일 오후에 재밌게 즐길 만한 수준이다. 다국적 기업은 종종 고위 간부에게 폴로 클럽 회원권을 주긴 하지만, 스포츠 활동으로 즐기되 클럽 정치를 피하라고 권한다.

도박

필리핀에서는 도박이 심각한 사회문제다. 특히 가난한 사람들은 도박 문제는 더욱 심각하다. 에스트라다 대통령은 새벽까지 밤새 카드 게임을 했으며, 빨라도 정오까지 업무를 시작하지 않았다고 한다. 안타깝게도 가난한 사람들은 부자만큼 도박에 중독되어 있다.

닭싸움은 늘 인기 있다. 엄청나게 많은 사람들이 모여서 내

보라카이섬에서 벌어지는 전통적인 닭싸움 모습

기를 걸고, 닭 주인은 닭을 키우는데 많은 돈과 시간과 노력을 들인다. 마닐라의 라 로마에 있는 투계장은 아주 유명하다.

가장 악명 높은 불법 도박게임은 훼텡jueteng이다. 훼텡은 1~37의 숫자 중에서 두 숫자의 조합을 선택해서 맞추는 추첨식 게임이다. 운영자가 가난한 사람들 상대로 막대한 이익을 거두는 동안, 경찰과 시 공무원은 뇌물을 받고 못 본 체 한다.

• 도박과 패가망신 •

나는 필리핀에 막 도착했을 때 집에 놓을 가구를 구입해야 했다. 친구가 추천해준 좋은 등나무 가구 제조업자는 3주 안에 원하는 가구를 갖다주기로 했다. 그에게 가구 값의 50%를 보증금으로 지불했다. 3주 후에 어떻게 됐냐고 그에게 물었더니, "조금 늦어져서, 2주가 더 걸립니다"라고 했다. 2주 후에는 일을 마쳤지만, 트럭을 수리해야 해서 운반하는데 일주일이 더 걸린다고 말했다. 일주일 후에는 아픈 어머니를 돌보러 가야 했다.

나는 자포자기하는 심정으로 도와주겠다고 약속한 친구에게 연락했다. 친구는 이전에 그 남자에게 사업상 돈을 빌려줬었다. 나는 얼마 후에 그 남자가 자취를 감췄다는 사실을 알았다. 그 남자는 도박으로 보증금을 다 날리고서 더 많은 돈을 빌렸는데, 그 돈마저도 다 잃었던 것이다.

그 운영자의 뇌물이 에스트라다 전 대통령까지 연루되어, 결국 사임하게 되었다. 새 정부와 가톨릭교회는 훼텡을 중지시키려고 부단히 노력해왔다.

최근에는 합법적인 복권이 또 다른 형태의 도박으로써 어김없이 사람들을 끌어들이고 있다.

밤에 즐기는 문화

필리핀은 '스트립 클럽'으로 유명하다. 외국인과 현지 주민들이 그곳을 줄곧 찾고 있지만, 그런 이미지로 마닐라가 세계에 알려지는 것은 안타깝다. 마닐라에는 밤에 즐기는 문화가 훨씬 더 많다!

필리핀인이 다양한 예술적 재능을 지니고 있는 모습은 여러 장소에서 볼 수 있다. 필리핀 사람에게는 연기와 음악이 자연스럽다. 특히 레아 살롱가가 출연하는 뮤지컬을 관람할 기회를 놓치면 안 된다. 런던의 웨스트엔드와 브로드웨이에서 공연한 오리지널 〈미스 사이공〉에 출연한 많은 주역과 코러스 단원은 필리핀 사람들이었다. 이멜다 마르코스는 그런 재능을 인정받아서 필리핀 문화센터의 건설을 책임졌었다. 이제는 최고 수준의 콘서트와 연극이 여기저기서 공연되고 있다.

관광객을 위해 열리는 문화 공연에서도 훌륭한 노래와 춤을 즐길 수 있다. 스페인 이전 및 스페인 시대의 음악과 춤이 잘 어우러져서 전통적인 필리핀 음악과 조화를 이룬다. 징, 대나무피리, 기타로 음악을 연주하고, 정열적이고 리드미컬한 토속무용을 출 수 있다. 공연은 필리핀의 민속무용인 '티니클링

· 즐기는 곳 ·

노래방과 비디오케(필리핀의 노래방-옮긴이)는 인기가 많다. 어떤 사람이 술집을 운영했는데 노래방 기계를 들일 때까지 수익이 별로 없었다고 한다. 그러다가 기계를 들인 후 얼마 지나지 않아 비용을 회수하고 두 번째 술집까지 열었다고 한다.

Tinikling'에 관객이 참여하면 끝난다. 들판에서 뛰어다니는 '티클링(담황색띠무늬뜸부기-옮긴이)' 새의 움직임을 따라 하는 티니클링은 대나무 막대기로 바닥을 치고 맞부딪히는 사이에 무용수가 스텝을 밟는 춤이다. 음악이 빨라지고, 대나무 막대기가 빠르게 움직인다. 이때 무용수는 리듬에 맞추지 않으면 발목을 다친다!

최근 마닐라에서는 특히 부유층 사이에서 사교춤이 유행이다. 남자들이 일하거나 관심이 없어서 오지 않다 보니 여자들은 강사와 춤을 춘다. 강사는 돈을 벌어서 대학을 졸업해야 하는 학생들이 많다. 이런 젊은 남자에 푹 빠진 여성들이 재산을 넘겨줬다는 이야기가 있다!

가정식 요리를 제공하는 현지 식당 '카린데리아'의 음식

음식과 마실 것

사교적이고 친절한 필리핀인들은 함께 먹기를 즐긴다. 필리핀인에게 음식은 중요한 역할을 한다. 필리핀인의 주식은 고기, 생선, 야채와 함께 매일 먹는 쌀이다. 가난한 사람들은 건어물을 쌀밥에 곁들여 먹는다. 코코넛, 간장, 식초로 풍미를 더 한다.

　필리핀 문화처럼 필리핀 요리는 특히 말레이, 중국, 스페인 등에 다양한 영향을 받았다. 말레이의 영향은 음식이 훨씬 맵

흰쌀밥에 아도보 돼지고기 요리

고 코코넛 밀크를 많이 쓰고 돼지고기를 먹지 않는 무슬림 민
다나오에서 특히 강하다. 필리핀 음식의 융합에는 역사가 반영
되어서 다른 동남아시아 미식과 확연히 구별된다. 식초와 간
장으로 양념한 닭고기나 돼지고기 아도보^{adobo}와 치아가 튼튼
하다면 지방보다 껍질이 훨씬 맛있는 새끼돼지 바비큐인 레촌
^{lechon}은 인기 있는 요리다. 키니라우 탕구게^{kinilaw tanguige}는 코코
넛 식초, 양파, 생강, 칠리로 만든 맛있는 필리핀식 세비체다.
필리핀 요리의 주요 특징은 생선이다. 마카파갈 애비뉴를 따

라 늘어선 담파에서는 상인과 흥정해서 신선한 해산물을 산 다음에, 근처 식당에서 요리해달라고 할 수 있다. 다른 인기 있는 음식으로는 고기와 야채를 볶은 필리핀식 중국 면 요리인 판싯^{pancit}이 있다.

망고, 멜론, 파파야 같은 현지 과일로 훌륭한 디저트를 만들 수 있다. 할로할로^{Halo-halo}는 과일 통조림이나 설탕을 친 과일, 젤라틴, 커스터드 소스, 으깬 얼음을 층층이 쌓는 디저트인데, 때로는 아이스크림을 그 위에 얹는다. 사실 아이스크림은 언제 먹어도 맛있는 것 같다. 투론(튀긴 바나나 간식), 레체 플란(필리핀식 크렘 캐러멜), 수만(캐러멜 소스와 코코넛 밀크로 만든 떡)도 맛있어서 한번 먹어볼 만하다.

부리와 깃털을 포함해 통째로 부화 직전의 오리알을 먹는 발루트^{balut}는 정력에 좋은 음식으로 유명해서 도전해볼 만하다. 필리핀인들은 발루트를 먹다 보면 차츰 좋아진다는 걸 알고 있어서, 결국에는 먹을 거라고 기대하며 웃으면서 외국인에게 권한다.

많은 요리에 스페인 이름이 붙여져 있다는 사실에 속지 말자. 필리핀 사람들은 자기네 방식으로 음식을 만드므로, 만든 요리가 똑같은 이름의 스페인 요리와 같지 않을 수 있다.

필리핀 도시에는 다양한 서양 음식점과 아시아 음식점이 있으며, 그중 많은 곳에서 적당한 가격에 맛있는 음식을 차린다. 또한 파스타, 프렌치프라이와 함께 나오는 패스트푸드도 점점 인기가 많아지고 있다.

음료수에 관해 말하면, 특히 아주 맛있는 현지 맥주인

산 미구엘은 필리핀 전역에서 많이 마신다. 탄산음료는 많은 사람들이 좋아한다. 더운 날에는 탄산음료 대신에 신선한 부코(코코넛)나 코코넛 워터가 시원해서 많이 마시며, 아이스티는 종종 식사와 함께 마신다.

【식사 예절】

필리핀 사람들은 먹기 전에 감사의 표시로 머리를 숙이거나 성호를 긋는다.

대개 숟가락은 오른손으로 들고, 포크는 왼손으로 든다. 칼은 필요하면 쓴다. 좋은 식당은 테이블에 칼이 놓여 있다. 시골 지역과 가난한 도시 노동자들은 손으로 쌀밥을 먹는다. 도시에서 관광객을 대상으로 하는 일부 식당에서는 접시 대신에 바나나 잎을 손으로 떼어 먹는 카마얀kamayan 방식을 선택 사항으로 제공한다.

07

여행 이모저모

필리핀 전역에서는 운전으로 스트레스를 많이 받으며, 마닐라 주변의 차량 정체는 상황이 더 좋지 않다. 많은 외국인들은 운전하기를 꺼린다. 사람들이 길을 건널 때는 횡단보도라고 해도 다른 곳보다 안전하지 않다. 많은 지역에 있는 보도는 걸어 다닐 수가 없다.

도로 여행과 대중교통

【 운전 】

주말을 바닷가에서 보낸 후에 도시로 돌아오는 내내 차가 막힐지도 모른다. 도로에 쭉 늘어선 채 안쪽에서 빠져나가려는 차량과 반대 방향에서 오는 차량이 양쪽에서 앞지르려고 시도한다. 맞은편에서 오는 차량이 도로에서 방향을 틀어야 하다 보니 결국에는 모든 길이 꽉 막혀서 양쪽 방향의 길이 완전히 멈춰버리게 된다.

한 필리핀 친구가 이런 말을 한 적이 있었다. "우리는 교통법칙을 제안이라고 생각해." 운전자는 그 '제안'이 맞지 않으면 그냥 무시하는 경향이 있다. 빨강 신호등을 무시하고 달리고, '정지선'을 넘어가고, 일방통행로에서 길을 잘못 들어서고, 차가 막히는 데도 조금 빨리 가겠다고 차선을 바꾸고, 아무 이유 없이 경적을 자꾸 누른다. 이런 경우는 필리핀 사람의 나쁜 운전 습관 중 일부다.

평소에는 느긋하고 예의 바른 필리핀 사람이라도 운전대만 쥐면 성격이 바뀌는 것 같다. 차든 사람이든 간에 다른 사람을 배려하지 않는다. 예를 들면 옆길에서 큰 도로로 들어가려

• 로드 레이지 •

처음으로 개인 운전기사에게 새 車의 운전을 맡겼을 때, 갈 때는 5분밖에 걸리지 않았지만, 돌아오는 길에는 다른 차 앞으로 끼어들어서 우회전하는 바람에 접촉사고가 일어났다. 우리 차는 뒷바퀴 흙받이 판이 찢어졌고 다른 차는 앞 범퍼가 떨어져 나갔다. 그 차의 운전자가 쇠 파이프를 들고 뛰쳐나왔다. 운전기사는 그 운전자가 쇠 파이프로 우리 차를 내리치면서 맴도는 동안에 차 안에 앉아 있었다! 나중에 경찰서에서 그 운전자가 나한테 이렇게 말했다. "당신 운전기사가 너무 건방지게 운전했어. 내 딸이 차에 타고 있고 총이 있었다면, 그놈을 쏴버렸을 거야."

그 사건으로 운전기사에게 값비싼 새 차의 운전을 맡기면 자신이 도로에서 가장 중요한 사람이라고 생각한다는 점을 알았다. 또한 필리핀 사람은 종종 쇠 파이프와 야구 방망이에다 심지어 총도 갖고 다니며, 특히 가족을 지키려고 무력을 휘두를 준비가 되었다는 사실도 알았다.

고 하면 아무도 양보해주지 않는다. 다른 차가 속도를 늦추게 하려면 끼어들 수밖에 없다. 필리핀 전역에서는 운전으로 스트레스를 많이 받으며, 마닐라 주변의 차량 정체는 상황이 더 좋지 않다. 많은 외국인들은 운전하기를 꺼린다. 사람들이 길을 건널 때는 횡단보도라고 해도 다른 곳보다 안전하지 않다. 많은 지역에 있는 보도는 걸어 다닐 수가 없다.

【지프니】

지프니는 필리핀에 있는 독특한 대중교통 수단이다. 지프니는 제2차 세계대전 후에 많이 남아 있던 미군 지프를 토대로 만들어졌다.

운전석 옆에는 운전기사의 친구나 맘에 드는 승객이 앉고, 다른 사람들은 뒷좌석 두 줄에 끼어 앉는다. 차 뒤쪽은 승객이 타고 내릴 수 있도록 열려 있다.

운전기사는 각각의 지프니 옆면에 그려진 운행 노선을 따라야 한다. 하루에 실은 승객 수에 따라 회사에서 보수를 받아서 어디서든지 사람을 태우려고 차를 세운다. 어쩔 수 없이 뒤에서 기다리느라 얼굴에 매연가스를 맡는 다른 운전기사는 안중에도 없다. 요금은 목적지에 따라 10~15페소로 아주 저렴하다. 지프니를 타고 가다 내리고 싶으면 차량 지붕을 툭툭 두드린다. 요금을 내고 싶으면, 옆 사람에게 돈을 주고 "바야드 뽀!(차비요!)"라고 말한다. 요금은 여러 사람의 손을 거쳐서 운전기사에게 전달된다.

많은 승객을 태우고 세부를 달리는 지프니

지프니는 밝은 색깔에 이름과 광고문구로 장식한다. 차량 덮개에는 힘을 드러내려고 말이나 야생동물의 작은 형상이 놓여 있고, 안테나에 달린 깃발이 펄럭인다. 외관이 가장 중요하므로 차량 액세서리에는 돈을 쓰지만, 타이어 중에서 특히 스페어타이어는 접지면이 거의 없을 정도가 되어도 개의치 않는다. 다시 한번 바할라나(될 대로 되라는 뜻임-옮긴이)의 숙명론이 눈에 띈다. 앞 유리에는 "하나님의 축복이 있기를!"과 같은 기독교 문구가 있고, 차 안쪽 거울에는 묵주가 매달려 있으며, 계기판에는 성모 마리아상이 있을지도 모른다. 이런 상징물에는 운전자가 어떻게 운전하든지 간에 안전 운전을 지켜준다는 뜻이라서 종교와 미신이 섞여 있다.

【버스】

버스는 독점 사업권자나 개인 소유주가 운영하며 일반적으로 관리가 잘되어 있지는 않다. 버스는 유독 가스를 방출하고 고장이 자주 나서 교통 체증을 가중한다. 필리핀 정부는 배기가스 테스트를 도입하면서 일부 도로 중, 특히 마닐라 주요 간선도로인 에드사에서 검은 매연가스를 내뿜는 버스에 배기가스 테스트를 요구할 수 있다. 테스트를 통과하지 못하면 48시간 이내에 벌금이 부과된다. 하지만 벌금이 너무 적어서 대부분의 버스 소유주는 그냥 벌금을 내고 수리하지 않은 채 다시 버스 운행을 재개한다. 버스는 많이 손보지 않기 때문에 요금이 저렴하다. 이것이 배기가스를 줄이려고 하지 않는 주요 이유가 된다. 에어컨이 달린 최신 버스는 대개 관리가 잘되어 있어서 요금이 조금 비싸다.

　장거리 버스는 지방에 있는 가족을 방문하는 필리핀 사람이 많이 이용하는 교통수단이다. 이들 버스는 마닐라에서부터 루손섬 반대편까지 밤새 달리고, 마닐라 버스보다 더 안심하고 탈 수 있다.

【택시】

니노이 아키노 국제공항에 도착하면, 항상 공항 차나 호텔 차를 타거나 독점 사업권 소속의 택시를 타도록 하자. 대부분의 도시처럼 순진한 관광객을 속여서 돈을 뜯어내는 택시 기사가 있다. 그런 택시 기사를 공항에서 없애는 노력이 성공했지만, 아직은 조심하는 편이 좋다.

도시에는 양심 없는 택시 기사가 있으므로 차량 등록번호가 기록되는 호텔에서 택시를 잡는 게 좋다. 택시가 출발할 때 미터기를 켜는지 꼭 확인한다. 택시 기사가 요금을 흥정하려고 하면 속이려는 것이다.

많은 택시 기사가 영어를 어느 정도 하므로 의사소통에 큰 문제가 없지만, 목적지 주소를 적어두는 편이 도움이 된다. 마닐라의 택시는 요금도 싸고 많지만, 비가 오면 빈 택시를 잡기가 힘들다. 일반적으로 택시에는 에어컨과 안전벨트가 있지만, 기대만큼 항상 깨끗하지는 않다. 특히 손님이 외국인이면 팁을 요구하는데, 꼭 줄 필요는 없다.

택시 기사는 교통 혼잡이 심하면 가까운 목적지에 가기를 꺼려서 승객이 차에 타기 전에 목적지를 묻는다. 이런 경우를 피하려면 미리 요금이 정해지고 그랩 계정에 충전해서 현금 없이 탈 수 있는 옵션이 주어지는 그랩Grab 앱을 이용하라고 강력히 추천한다. 그렇더라도 마닐라 교통 상황이 끔찍한 금요일 저녁에는 그랩도 잡기가 아주 힘들 수 있다.

스마트하고 저렴한 다른 방법으로는 앙카스Angkas 앱이 있다. 그랩과 비슷한데, 오토바이로 이동한다. 특히 목적지가 그리 멀지 않은 경우에는 아주 좋다. 요금이 아주 싸고 헬멧과 마스크를 무료로 제공한다. 단, 샌들을 신고는 탈 수 없다.

전철

경전철LRT과 메트로 전철MRT로 빠르고 편안한 여행을 할 수 있다. 경전철은 약 35년간 운행했으며, 메트로 전철은 아직 확장 공사가 진행 중인 비교적 새로운 교통수단이다. 에드사 거리를 운행하는 메트로 전철 3호선MRT 3은 통근자를 태우고 마카티의 중심 업무 지구를 왕복하지만, 이른 아침과 저녁의 혼잡시간에는 이용하기가 아주 힘들다. 전철은 에어컨 시설이 있어서 교통 혼잡을 피하고 싶은 사람들에게 훌륭한 대안이다. 하지만 목적지가 메트로 전철역에서 걸어갈 수 있는 거리 내에 있어야 한다.

선박

수많은 섬으로 이뤄진 필리핀은 예로부터 섬 사이, 특히 마닐라, 비자야 제도, 민다나오 사이를 연결하는 효율적이고 저렴한 교통수단으로 페리(연락선)를 이용해왔다. 필리핀 정부는 승객과 화물의 과적 탓에 사고가 많이 일어나자, 엄격한 규제를 도입했다. 현재 장거리 페리는 더 나은 시설을 갖추고 있어서 다양한 등급의 선실을 이용할 수 있다. 배표는 항구 지역과 일부 쇼핑몰 및 여행사에서 구입할 수 있다.

　짧은 거리에 있는 섬을 여행한다면, 모터를 선체의 안쪽이나 바깥쪽에 다는 필리핀 배인 방카를 타고 갈 것이다. 방카는 바다가 거칠면 많이 흔들릴 수 있으므로 기상 상태가 어떨지 미리 확인해두는 것이 중요하다.

팔라완 북부 엘니노에 있는 바다에 떠 있는 방카 보트

항공기

비행기로 필리핀 전역에 있는 목적지에 갈 수 있다. 일부 항공기는 안전하게 비행할지가 우려되지만, 전반적으로 필리핀 내에서 비행은 안전하다. 여름과 크리스마스 시즌에는 비행기 예약이 꽉 차므로 미리 표를 구해야 한다. 현지 항공사는 연착이 잦긴 하지만 꽤 믿을 수 있고 매우 안전하다.

마닐라 주변에 갈 만한 곳

흔히 '메트로마닐라'라고 불리는 마닐라는 약 1,400만 명의 인구가 거주하는 약 700km²의 면적을 차지하는 도시로 필리핀의 행정수도이자, 금융 중심이자, 경제 중심지다. 마닐라는 커다란 만에 천연항구라는 입지 조건을 갖춘 덕분에 오랜 역사를 지닌 곳이라, 역사적으로 중요한 의미가 있는 명소가 많다. 주요 관광 명소로는 마닐라의 유서 깊은 성곽도시인 인트라무로스, 16세기의 산티아고 요새, 대통령 관저인 말라카냥궁(이멜라 마르코스가 소유한 3천 켤레의 신발이 있음), 에르미타와 말라테의 정당지구, 마카티 금융센터, 포트 보니파시오의 고급 상업 중심지, 마닐라만 입구에 있는 코레히도르섬 등이 있다.

마닐라 외에 갈 만한 곳

필리핀은 험준한 산악지대와 모래사장, 맑고 푸른 바다가 있는 아주 아름다운 나라다. 이 모든 아름다운 자연을 다 즐기면서

바닷가에 있는 야자로 지붕을 덮고 대나무로 만든 오두막

비자야 제도 중부 보홀섬에 있는 풀로 덮인 석회암의 초콜릿 언덕

마닐라 도시에서 멀리 떨어진 곳에서 친절한 필리핀인을 만나
려면, 타가이타이, 타알 호수, 타알 화산, 라구나주와 팍상한,
수빅 및 울롱가포와 클락 및 앙헬레스, 바기오와 바나웨, 세
부, 막탄, 보홀, 보라카이, 팔라완, 시키호르, 기마라스, 시아르
가오, 수리가오, 베일러, 비간 등을 최대한 많이 방문하길 바란

다. 고급 호텔부터 저렴한 관광모텔과 캠프장에 이르기까지 다양한 숙박시설이 있다.

건강

【청결】

필리핀인들은 외모에 강한 자부심을 느낀다. 많은 사람이 수돗물이 없는 가난한 지역에 사는 점을 고려하면, 필리핀 사람들이 항상 깔끔한 모습으로 집으로 나서는 것은 놀랍다.

직장인들은 같은 옷을 절대로 연달아 입지 않는다. 아마 전 세계 어느 나라에서도 모든 직장인이 점심 식사 후에 반드시 양치질하려고 당연히 칫솔과 치약을 가지고 다니지는 않을 것이다. 학생들의 셔츠와 블라우스는 항상 하얗고 깨끗하다. 적어도 아침에는 깨끗하다! 그리고 일요일마다 가사도우미는 집에 작업복을 두고 쉬는 날에 아름답게 차려 있고 몸단장을 하고 집을 나선다.

반면에 화장실을 다녀온 후에 손 씻기는 별로 중요하게 생각하지 않는다. 좋은 위생 기준을 도입하려는 식당 매니저에게는 이러한 점이 힘들다.

필리핀 사람들은 외국인이 냄새가 난다고 불평한다. 서양 방문객들은 열대 지방에서 훨씬 더 강력한 탈취제가 필요하다는 점을 잘 깨닫지 못한다. 혼자 엘리베이터를 타고 있는데 다음 층에서 문이 열려도 아무도 타지 않는다면, 당신이 직장 상사이기 때문이 아니라 어쩌면 냄새가 나기 때문일지도 모른다. 문화적인 이유로 진실을 말해주지는 않을 것이다.

마닐라시를 깨끗이 청소하려는 시도가 이루어지고 있지만, 진행 속도는 더디다. 사람들은 계속해서 여기저기에 쓰레기를 버리고 있다. 쓰레기 매립장이 부족해지면 길 양쪽으로 쓰레기더미가 쌓였고, 어떤 지역에서는 사람들이 쓰레기를 태우기 시작해서 유독 가스가 발생했다.

필리핀 남자들이 벽에 기대거나 버스나 지프니의 바퀴에 대고 오줌을 누는 모습을 흔히 볼 수 있다. 어떤 사람들은 새로 지은 건물에서 시멘트와 오줌이 섞여서 악취가 난다고 농담한다. 이동식 화장실은 대규모 행사와 건축 현장에서 흔하지만, 길옆에 공중화장실이 없는 데다가 교통 체증을 고려하면 필리핀인의 이동시간이 상당히 오래 걸린다는 사실이 남는다.

더러운 흙과 오염 속에서 뜨겁고 습한 날씨에 쥐가 엄청나

> ### • 이제 손을 깨끗이 씻으세요! •
>
> 집에 있는 모든 사람이 음식을 만지기 전에 손을 씻는 것은 중요하다. 손 씻기의 중요성은 아무리 강조해도 지나치지 않는다. 10살짜리 아들이 요리사한테 옮아서 장티푸스에 걸렸다. 요리사는 장티푸스 보균자로 밝혀졌다.

게 많고 모기가 잔뜩 번식하고 다양한 질병이 만연한 모습은 놀랍지도 않다.

【물】

수돗물을 마시지 않도록 한다. 주민이면 큰 물통으로 집에 배달되는 식수를 마실 수 있다. 일부 회사에서는 적어도 일주일마다 주문하는 정수기 물을 무료로 제공한다. 물을 사지 않는다면, 물을 꼭 끓여서 마셔야 한다. 외출 시에는 병에 든 생수를 사서 뚜껑이 뜯어지지 않았는지 확인한다.

더운 날씨에는 사람들이 얼음이 든 시원한 음료를 즐긴다. 보통 호텔과 좋은 식당에서는 이런 음료를 마셔도 안전하다. 하지만 녹아서 도로에 뚝뚝 떨어지는 커다란 얼음덩어리를 신고 다니는 밴을 볼 수 있다. 두 명의 남자가 식당 뒷문까지 얼음을 바닥에 질질 끌고 간다. 이 얼음을 작게 잘라서 냉장고에 보관한다. 음료수에 얼음이 필요하면 그 얼음을 조각으로 자른다. 특히 도시를 벗어나서 여행 중이라면, '얼음이 없는' 음료수를 주문하는 편이 안전할 수 있다.

【몸조심하기】

관광객은 배탈과 설사를 거의 겪지 않는다. 그런 일이 일어난다면 식사나 물이 달라져서 일 수도 있다. 악명 높은 '인도에서 여행자들이 겪는 설사'에 비해 대개 가벼운 편이다. 어디서 뭘 먹는지 조심한다면(노점을 피해라), 그렇게 자주 겪지는 않을 것이다(그런데도 결근하는 필리핀 직원들은 "설사기가 있어서"라고 자주 핑계를 댄다).

설사 또는 뜨거운 열기에 노출되거나 격렬한 운동으로 탈수가 일어날 수 있다. 물을 충분히 마시고 햇빛으로부터 몸을 보호하는 옷을 입어야 한다. 바닷가에서는 햇볕을 쬐는 시간을 줄이고 강력한 자외선 차단제를 바르고 선글라스를 쓰자. 아이들은 특별히 제작된 자외선 차단 수영복을 입어야 한다.

멋으로 야구 모자를 쓸지도 모르지만, 필리핀에서는 그런 모자가 꼭 필요하다. 태양 밑에서 하루를 보내는 건설 현장 노동자와 그 외 사람들은 머리와 목에 수건을 두른다. 야구모자는 그런 수건을 고정해준다.

오염이 심해짐에 따라 천식 환자의 수가 계속 증가하고 있다. 하루 중 특정 시간에는 대기오염 때문에 시꺼먼 구름이 마닐라 전역을 덮은 모습을 볼 수 있다. 해결책은 최대한 자주 도시를 벗어나서 언덕이나 해변에 가는 것이다. 일부 사람들은 공기 청정기를 쓰고, 부유층은 공기 중의 미세물질과 먼지의 양을 줄이려고 집에서 온종일 에어컨을 켜고 있다. 그렇지 않으면, 최대한 창문을 닫고 선풍기를 사용한다.

【 열대병 】

도시 지역에서는 말라리아가 사실상 완전히 없어졌지만, 모기로 전염되는 또 다른 질병인 뎅기열은 치명적일 수 있다. 다리에 있는 줄무늬로 구별되는 이집트 얼룩모기는 낮에 물린다. 잠복기는 5~8일이다. 증상은 열이 나고, 머리, 등, 눈, 관절에 통증을 느끼며, 때로는 팔과 다리에 발진이 일어난다. 뎅기열에는 특별한 약이 없다. 가만히 누워 쉬면서, 수분을 많이 섭취하고 아세트아미노펜(타이레놀이나 파라세타몰)을 먹으며 치료한

> ### • 수영장을 조심할 것! •
>
> 수영장이 있는 빈집은 위험하다. 화학약품을 채워서 수영장을 제대로 관리하지 않으면, 물이 고여서 뎅기열을 옮기는 모기가 번식하는 일이 일어날 가능성이 있다.

다. 출혈을 악화할 수 있는 아스피린은 복용하지 않는다. 혈액 검사로 환자가 뎅기열에 걸렸는지 확인할 수 있다. 예방백신은 없다.

병원은 수혈에 필요한 혈액이 부족하다. 흔치 않은 혈액형이라면, 맞는 혈액형이 없을 수 있다. 외국인 커뮤니티와 대사관에 혈액 등록에 대해 문의해본다. 필리핀에서 흔치 않은 혈액병의 기증자는 페이스북 페이지에서도 찾아볼 수 있다.

【간염】

필리핀에서는 간염이 흔한 질병이다. A형 간염과 B형 간염은 예방백신을 권장한다.

【 결핵 】

결핵은 아시아 전역에 널리 퍼져 있다. 특히 어린이들은 필리핀에 오기 전에 BCG 백신으로 예방 접종을 꼭 해야 한다.

가사 도우미와 운전기사는 결핵에 자주 걸리므로, 고용주의 집에 일하러 오기 전에 검사받아야 하며, 함께 있는 동안에 정기적(예를 들어 매년)으로 검사를 받아야 한다.

【 장티푸스 】

장티푸스는 더러운 손으로 음식 준비를 하는 것처럼 열악한 위생 관념과 더러운 물을 통해 쉽게 전염된다. 장티푸스는 음식이나 물 또는 우유가 장티푸스균이 포함된 대변에 오염되었을 때 걸린다. 모든 사람들은 음식을 만지거나 먹기 전에 항상 손을 씻어야 하며, 파리가 가까이 오지 못하게 노력해야 한다. 아이들은 안전한 병에 든 물이나 끓인 물만 마셔야 한다는 점을 알아둬야 한다. 장티푸스가 꽤 흔하므로, 추가 보호를 위해 장티푸스 백신을 권한다.

집에서 일하는 모든 직원은 고용 전에 대변 검사를 포함해서 건강검진을 반드시 받아야 하며, 특히 청결에 주의를 기울이도록 교육을 받아야 한다.

후천성 면역 결핍증(HIV/AIDS)

필리핀 사람 중에서 에이즈AIDS에 걸린 사람은 극히 적다. 인구의 약 0.1%가 에이즈 바이러스HIV 양성인데, 특히 성 소수자 커뮤니티에서 감염된 사람의 수가 급격히 증가하고 있다. 감염자 중 97%가 남성이고, 그중 대부분이 해외 필리핀 노동자다.

의료 서비스

필리핀인은 서양의학과 대체의학을 다 믿는다. 많은 의사는 미국에서 교육받았으며, 의과 대학과 간호 대학은 미국 시스템을 기반으로 하고 있다. 일반적으로 의사와 간호사들은 매우 유능하다. 문제는 의료진과 병상이 부족하다는 것이다. 미국과 영국에서는 현재 수천 명의 필리핀 간호사를 고용하고 있다. 해외에 나가서 더 많은 돈을 벌려고 지원하는 간호사의 수가 넘쳐나다 보니, 자연스럽게 실력이 가장 좋은 간호사는 대부분 해외에서 일한다. 심지어 어떤 의사는 해외에 나가려고 간호사로 일한다는 말도 있다. 이는 확실히 필리핀의 의료에 심각한 영향을 미쳤다.

정규직 도시 근로자를 대상으로 한 의료보험을 비롯한 사회보장제도가 있다. 하지만 개발도상국인 필리핀에서는 정부가 의료서비스에 쓸 수 있는 재원이 한정되어 있다. 따라서 사립병원과 공공병원 간 격차가 크게 벌어진다. 공공병원은 대체로 인력과 장비가 부족하다. 가난한 사람들은 무료로 진료를 받지만, 약값을 내야 해서 걱정이 많다.

필리핀 사람들은 가벼운 병도 신속한 진료를 요구하다 보니 사립병원조차도 의료체계에 대한 부담이 심해지고 있다. 열이 나는 아이는 의사에게 데려가면 항생제 치료를 받을 수 있다. 탈수증을 앓는 아이는 입원해서 링거를 맞는다.

외국인은 지방을 여행하다가 아프거나 사고를 당하면, 거기서 곧바로 치료받아야 한다. 하지만 가급적 마닐라나 세부와 같은 주요 도시에 있는 병원에 최대한 빨리 가도록 한다. 필리핀 사람들은 진료 예약에 가족과 함께 가므로 병원과 진료소가 항상 붐빈다. 수많은 의사가 예약을 받지 않고 선착순으로 환자를 진료한다. 1인실 비용을 내는 입원 환자는 밤새 가족과 함께 지낼 수 있다. 아주 부유한 사람들은 특실에 머물고, 환자는 가정부나 개인 간호사를 데려와서 추가 치료를 받는다. 따라서 사립병원의 간호사는 외국인이 병원에 '혼자' 있으면서 스스로 돌봐야 한다는 점에 상당히 놀란다. 대부분의 아시아 문화권처럼 환자는 병원 음식을 먹지 않는 것이 흔한 일이다. 환자를 돌보기 위해서 집에서 만든 음식을 하루 세 번 환자에게 가져다준다.

병원은 청결하게 유지하려고 노력하지만, 수술 후에 감염 가능성이 우려되고 있다. 세인트룩스 메디컬 센터(타기그와 케손시티), 마카티메드(마카티), 마닐라 병원(마닐라)처럼 수준 높은 병원이 여럿 있다. 수술이 필요한 경우에는 병실과 요구하는 추가 서비스에 따라 병원비가 크게 달라진다.

【 약 구입하기 】

약국에서 알약을 구입할 때 "몇 알이 필요한가요?"라는 질문을 받으면 놀라지 않도록 하자. 필리핀에서 대부분은 일당을 받다 보니 처방한 약을 한 번에 다 살 수 없어 알약을 하나씩 따로 파는 경우가 많다. 포장지에 딸린 약의 사용설명서를 요청해야 한다.

외국인은 가사도우미나 운전기사가 질병, 특히 결핵에 걸리면, 환자에게 약값을 직접 주지 말고 약을 사서 주는 편이 좋다. 그래야 다른 데 돈을 쓰지 않는다!

【 대체의학 】

도시에 사는 필리핀인은 대체로 서양의학을 받아들이지만, 원래 지방 출신인 사람들은 여전히 민간요법과 전통 치료법을 믿는다. 식민지 이전 시대에는 다양한 종족 집단의 샤먼인 주술사가 신과 약초, 주문, 혼합한 치료제, 해독제, 뿌리와 잎과 씨앗으로 만든 물약 등에 대한 지식으로 공동체에서 많은 존경을 받았다. 오늘날에도 비자야 제도의 특정 지역(파나이, 시키호르)과 민다나오에서 저주를 피하거나 병원비를 낼 수 없는 절박한 사람들이 주술사를 찾고 있다. 또한 불치병에 걸린 사람들이 마음의 안정이나 희망을 찾아서 주술에 의존할 수도 있다.

기독교와 이슬람교가 전파되자, 기독교나 이슬람 의식을 실행하는 민간 치료사와 신앙 치료사가 주로 주술사의 역할을 이어받았다. 필리핀에서는 종교와 민간 관습이 종종 뒤섞여 있다. 전통적인 치료에서는 흔히 초자연적인 힘이 정한 금기를 어겨서 질병이 생긴다고 본다(허리가 아픈 외국인이 안마사를 불렀더니, 안마사는 그에게 정원에 있는 땅속 요정이 화가 나서 고치기 쉽지 않을 거라고 말했다!). 하지만 일반적으로 서양의학과 민간의학을 함께 쓴다.

중국 기름과 연고는 근육을 완화하는데 많이 쓰이고, 다른 한약은 두통과 인후통을 없애는 데 쓰인다. 반사요법도 인기가 있다.

신앙 치료사나 민간 치료사는 현대적인 치료를 보완해주는 동료로 여겨질 수 있다. 의사는 상태를 진단하고 서양의학으로 가능한 치료를 하지만, 신앙 치료사는 치료 과정에 필요한 심리적, 정서적, 영적 안녕을 줄 수 있다. 환자가 완치되었다고 생각하면, 확인하기 위해 다시 의사를 찾을 것이다.

【코로나19】

필리핀 정부는 2020년 3월에 코로나바이러스의 위협에 신속하게 대응해서 메트로마닐라를 엄격히 봉쇄했다. 감염에 대한 두려움이든지 당국에 대한 두려움이든지 간에, 사람들은 마스크를 쓰고 거리두기를 지키는 등 제한 조치에 잘 대응했다. 하지만 정부는 감염 위험이 진정되지 않았는데도 추가적인 경제 피해를 막으려고 2020년 6월에 격리 규칙을 완화하기 시작했다. 쇼핑몰이 다시 열리자, 좋은 의도로 시행했던 모든 조치가 소용없어졌다. 코로나바이러스는 해외에서 일하던 많은 노동자들이 치료하려고 세부에 몰리면서 최악의 피해를 끼쳤다.

안전

필리핀은 테러가 완전히 없어지지 않았고, 때로는 마닐라에서 외국인이 범죄 피해자가 되기도 한다. 하지만 위험을 인지하고 세심한 예방조치를 취한다면, 마닐라는 특정 장소에 접근하지 못하더라도 대부분의 대도시만큼 안전하다. 상식을 써서 기지를 발휘하는 것이 중요하다. 항상 귀중품을 잘 챙기고, 특히 비싼 보석을 걸치면 밤에 어두운 거리를 걷지 말아야 한다.

테러는 항상 걱정거리다. 수십 년간 민다나오에서는 지역 공산당과 이슬람 분리주의 단체가 마닐라 정부와 맞서는 폭력 사태가 벌어지고 있다. 두테르테는 온건한 이슬람 반군단체와 협상할 의향이 있었지만, 극단주의 아부샤아프ASG와는 협상하려고 하지 않았다.

아부샤아프는 폭탄 테러, 암살, 납치, 탈취를 통해 자금을 지원받았다. 팔라완에서 동떨어진 도스 팔마스섬에 가한 이들의 습격이 성공함으로써 이 지역의 관광산업에 악영향을 미쳤다.

【사기꾼】

외국인을 대상으로 한 대부분의 범죄 행위는 신용사기나 절도와 관련된 편이다. 일부 필리핀인들은 자신의 목적을 위해 타고난 창의력과 매력을 이용해서 외국인을 속일 수 있으면 스스로 대단하다고 여긴다. 외국인들은 몇 가지 흔한 속임수를 알지 못하면 쉽게 속는다. 다음 사항은 꼭 기억해둬야 한다. 아무리 친절해 보이더라도 절대로 낯선 사람과 차에 타지도 말고 함께 내리지도 않는다. 아무리 순수해 보이더라도 건네주는 음식이나 음료수를 절대로 먹지 않는다. 음료수에서 절대로 눈을 떼면 안 된다. 귀중품을 두고 절대로 자리를 뜨면 안 된다. 음료수와 음식에 약을 탔을 수 있으며, 순진한 관광객은 순식간에 털린다.

때로는 관광지를 방문하는 외국인을 상대로 속임수를 쓰기도 한다. 한 남자가 웃으면서 외국인에게 카메라를 건네며 사진을 찍어달라고 점잖게 부탁한다. 외국인이 사진을 찍어준 다음에 카메라를 돌려줬는데도, 옆에 있으면서 오랫동안 친근한 대화를 시작한다. 결국에 그 남자는 자기 집에 외국인을 초대해서 음식을 대접한다. 그다음에 돈을 주지 않으면 불쾌한 일을 겪을 거라면서 많은 돈을 요구한다.

또한 "우리 최근에 파티에서 만난 적이 있어요" 또는 "저는 당신이 아는 사람의 친구예요"라고 '소개'하면서 걸려 온 알지 못하는 사람의 전화를 조심하자. 그 사람은 어쩌면 당신한테서 이름을 알아내려고 할 것이다. "후안 구티에레스의 파티에서 만났나요?" 또는 "레이 콘잘레스의 친구인가요?"라고 말하면, 이제 그 사람은 써먹을 이름이 생겨서 당신의 신용을 얻으려고 한다. 이내 그는 당신 친구가 어떤 곤경에 처했거나 매우 바빠서 은행에 갈 수 없는데, 필요한 돈을 빌리러 자신(전화 건 사람)이 가서 받아 갈 거라고 말할 것이다.

최근 몇 년 동안 필리핀에서 가장 많은 사기 전화를 건 사기꾼은 사실 필리핀 사람이 아니라 호주 사람이었다. 그는 수많은 외국인에게 급하게 돈이 필요하다며 곧 갚겠다면서 사기를 쳤다. 결국 잡혀서 추방되었다.

【날강도】

세계 어디서든 노상강도나 폭력을 동반한 강도 사건이 일어나지만, 외국인 방문자는 소매치기나 조직적인 사기꾼들의 희생양이 될 가능성이 크다. 그들은 빨리 행동하므로 항상 경계를 늦추지 말아야 한다.

마닐라에 있는 고급 호텔에서 날치기 작전이 벌어지기도 한다. 예를 들어 한 사업가가 프런트에서 호텔비를 내는 동안에 서류 가방을 내려놓는다. 한 사람이 그 사업가의 주의를 끌면, 다른 사람이 비행기 티켓과 여권과 기타 귀중품이 든 서류 가방을 낚아채고, 세 번째 사람이 서류가방을 들고 밖으로 사라지는데, 이 과정은 불과 몇 초밖에 걸리지 않는다.

식당에서 식사하는 동안에 서류 가방이나 손가방이나 지갑을 바닥에 놓거나 의자 뒤에 걸지 말아야 한다. 가방이나 지갑은 다른 사람의 손이 닿지 않는 잘 보이는 곳에 조심스럽게 둔다. 쇼핑몰에서는 누군가와 부딪치면 조심한다. 딴 데 정신이 팔린 사이에 지갑이나 핸드폰을 잡아채려고 기다리는 공범이 있을 수 있다. 에스컬레이터에 다가가면, 누군가가 당신 앞에 웅크리고 앉아서 신발 끈을 묶을 수 있다. 멈추거나 주춤거리면, 공범이 당신의 배낭에서 돈을 꺼내 간다.

【 신용카드 범죄 】

여러 아시아 국가에서는 신용카드 불법 복제 범죄가 증가하고 있다. 은행에서 우편으로 보낸 신용카드는 항상 해당 수취인에게 도착하지 않고, 중간에 가로채서 사용된다. 이를 예방하려면 알아볼 수 있는 봉투에 담아 우편에 보내지 말라고, 서면으로 은행에 알려줘야 한다.

식당에서 신용카드로 식사비용을 낸다면, 카드에서 눈을 떼지 말아야 한다. 똑같은 카드를 만들려고 카드의 세부 사항을 복제할 수 있다. 그러면 무슨 일이 일어났는지 알기도 전에 나도 모르는 카드 사용내역이 발생할 수 있다.

외국인 관광객은 보안을 우려하다가 필리핀에서 얻는 모든 즐거움을 누리지 못하면 안 된다. 하지만 세계 어디서나 그렇듯이, 항상 사기나 절도 가능성에 주의하고, 적절한 예방대책을 취하는 것이 현명하다.

08

비즈니스 현황

필리핀은 영어를 비즈니스 언어로 사용하고, 많은 고위 간부가 미국에서 대학을 다녔으며, 민주주의가 헌법의 핵심이다. 하지만 미국이나 유럽에서 했듯이 똑같은 방식으로 사업할 수 있을 거라는 생각 때문에 어쩔 수 없는 오해와 실망이 생겨서 사업 목적에 손해를 끼칠 수 있다.

서양과 동양의 신념, 가치관, 생활방식이 섞여서 필리핀 특유의 비즈니스 접근방식이 생겨났다. 외견상 새로 도착한 외국인에게는 많은 것이 익숙해서 서양의 비즈니스 관행이 지배적이라고 생각할 수 있다. 필리핀은 영어를 비즈니스 언어로 사용하고, 많은 고위 간부가 미국에서 대학을 다녔으며, 민주주의가 헌법의 핵심이다. 하지만 미국이나 유럽에서 했듯이 똑같은 방식으로 사업할 수 있을 거라는 생각 때문에 어쩔 수 없는 오해와 실망이 생겨 사업에 손해가 발생할 수 있다.

외국인 경영진들은 필리핀 동료와 부하 직원에게 올바른 인상을 주는 것이 중요하다. 이를 위해서는 사무실 예절과 의전의 다양한 면을 이해할 필요가 있다.

사무실 예절과 의전

【 옷차림 】

관리자와 직장인들은 비교적 낮은 임금을 받아도 옷을 멋있고 입으며 단정하게 꾸민다. 긴 머리를 뒤로 묶은 남자는 드물고, 비즈니스 환경에서는 용납되지 않는다. 관리자는 서양식 양복을 입거나 메리야스 위에 소매가 길거나 짧은 가벼운 셔츠인 바롱 타갈로그^{barong Tagalog}를 입는다. 공식 행사에서는 턱시도 대신에 복잡한 수를 놓은 바롱을 입고, 무늬가 없는 바롱은 사무실에서 일상복으로 입는다. 모든 쇼핑몰에는 맞춤 바롱을 만드는 재단사가 있다. 바롱 타갈로그는 온난한 기후에 가장 좋으며 절대로 재킷과 함께 입지 않는다. 에어컨이 너무 세지 않으면, 서양식 양복 재킷은 공식 회의에서만 입는다.

여성 관리자는 바지보다는 치마 정장이나 맵시 있는 옷을

2010년에 아키노 대통령이 자신의 서명이 들어간 새 지폐를 보여주고 있다.

입는다. 대부분의 필리핀 여성은 미니스커트나 목둘레선이 깊이 파인 옷은 입지 않고, 단정하게 입는다. 하지만 항상 예외는 있다.

일부 회사에서는 (관리자가 아닌)많은 직원이 청바지를 입는 금요일에 별로 단정하게 입지 않아도 된다.

【인사】

매일 사무실에 도착하면 직원 한명 한명마다 밝게 웃으면서 "좋은 아침"이라고 인사하는 것을 잊지 않도록 한다. 상사를 만나러 가면 그때마다 잠시 상사의 비서와 몇 마디 대화를 나눈다. 사람들을 한 사람 한 사람 잘 대하며 친분을 쌓아두면, 결국엔 좋은 결과로 돌아올 것이다. 예를 들면 비서는 상사가 집에 가기 전에 급한 전갈을 확실히 대신 전달해줄 것이다.

【호칭】

필리핀 사람들은 직위와 연공서열을 아주 중요하게 여긴다. 그러므로 부하직원이 관리자를 이름으로 부르거나 언급하는 일은 흔치 않다. 외국인 상사가 비서에게 이름으로 불러달라고 하면, 동등해지고 싶어서라고 그럴지도 모르지만 그런 상황은 전통적인 필리핀 문화와 맞지 않는다. 비서가 너무 혼자 알아서 일하고 상사를 덜 찾게 되면, 그때야 상사는 그 문제에 대해 비서에게 주의를 시켜야 한다고 생각한다. 이런 오해는 비서와 상사의 관계에 오랫동안 영향을 미칠 수 있다. 직장 상사는 '○○님Sir'이나 '부인Ma'am'으로 불리거나, 격식을 갖춰서 '미스터Mr.', '미시즈Mrs,' 또는 '미스Miss'와 함께 성을 붙여서 불러야 한다.

사무직 직원 사이에서도 연공서열과 나이에 따른 서열이 있다. 과장급 관리자는 이름에 '부인'이나 '○○님'을 붙여서, '치토님'이라고 부를 수 있다. 또한 특정 사무실에서는 가장 나이가 많고 존경받는 여직원에게는 '마낭Manang(나이 든 여자)'이나 '티타Tita(이모)'를 이름에 붙여서, '티타 마지'라고 부를 수 있다. 마찬가지로 남자는 '마농Manong(나이 든 남자)'으로 부르며, '만Man'으로 줄여서 '만 리토'라고 부를 수 있다.

전문직 종사자들은 직함으로 불린다. 예를 들어 "만나서 반갑습니다, 곤살레스 변호사님"이라고 말한다. 전직 및 현직의 모든 정치가와 공무원은 평생 직함을 유지한다. 이를테면 번예 시장이나 로페즈 판사라고 불린다.

【 시간 엄수 】

필리핀 사람에게는 정확한 시간 엄수가 서양인만큼 중요하지 않다. 직장에 지각하는 이유로 수많은 핑곗거리가 있는데, 그 중에서 메트로마닐라의 교통 정체가 가장 많은 변명으로 쓰인다. 흔히 국지적 홍수나 교통사고로 도로가 정체되는 경우에는 타당한 이유가 된다.

개인적인 입장에서는 직접적인 대립이나 비난보다, 유머가 더 효과적일 수 있다. 한 주에 두 번이나 지각한 직원에게 인상 쓰면서, "왜 또 늦었죠?"라고 말하는 건 도움이 되지 않는다. "친구들과 너무 늦게까지 놀지 말아야 하지 않겠어요?"라고 농담하는 편이 낫다. 그렇게 놀리면, 직원의 지각을 지켜보고 있으며 지각을 허용하지 않겠다는 메시지를 전달하는 것이다.

하지만 필리핀 사람에게는 사회적 모임에서도 그렇듯이 회의에 늦는 것이 일반적인 관례다. 시간을 엄수하는 외국인은 필리핀인이 도착할 때까지 기다리는 것이 짜증 날 수 있다. 그러므로 회의 일정을 잡을 때 미소 지으며, "미국 시간인가요? 아니면 필리핀 시간인가요?"라고 물어봐도 나쁘지 않다. 웃는 모습은 비난하는 것이 아니라 다른 사람을 기다려야 하는 상황을 원치 않는다는 것을 알려준다. 점차 변화가 생기면서 비즈니스 회의는 예전보다 제시간에 맞춰서 시작한다. 하지만 외국인들은 필리핀 사람이 결코 개인적으로 무시하려고 늦게 도착하는 것이 아니라는 사실을 깨달아야 한다. 반면에 필리핀인들은 외국인은 시간에 맞춰서 올 거라고 기대한다!

【 팀워크 】

어느 나라에서나 팀워크가 성공의 주요 요소이지만, 필리핀에서는 훨씬 더 중요하다. 필리핀 직원은 한 팀으로 프로젝트에서 일하면, 최대 성과와 프로젝트 성공을 위해 서로 도우려고 최선을 다한다. 반면에 팀원 간에 갈등이 생기면, 사적인 다툼을 제쳐두고 계속 일에 몰두하기가 힘들어진다. 다른 사람의 체면을 손상하거나, 사소한 말다툼이 감당할 수 없을 정도가 되거나, 다른 사람보다 권위가 높다고 주장하는 한 사람 때문에 원성이 일어날 수 있다. 관리자는 특별 프로젝트를 위한 팀을 선발할 때 어떤 갈등이 있는지 알아야 한다. 비록 다른 사람과 잘 어울리지 못하는 잠재적 기여자를 제외하더라도 말이다. 부드러운 인간관계를 뜻하는 파키키사마의 중요성을 과소평가해서는 안 된다.

【 생일 】

생일 축하는 회사 생활의 특징이다. 생일인 사람은 간식과 케이크를 가져오거나 주문한다. 아무리 업무가 많더라도 모든 일을 멈추고 상사를 비롯한 모든 팀원이 함께 생일파티에 참여한다. 상사가 타당한 이유 없이 빠지면 무관심하거나 거만한 사람으로 여겨진다. 사람들과 어울리려고 바쁜 시간 중에 짬을 내는 것은 시간 낭비가 아니다. 사실 그렇게 사람들과 어울리지 않으면 장기적으로 역효과가 일어날 수 있다.

관리 방식

필리핀인은 지위를 중요시해서 권위 있는 사람을 진심으로 존경한다. 그래서 필리핀 사람은 일반적으로 명령에 따른다. 이들은 상사가 더 좋은 자질과 폭넓은 업무 경험을 지니고 있다고 생각하면, 선뜻 상사의 리더십을 받아들인다.

필리핀 관리자는 가부장적인 방식을 택하는 편이다. 그러므로 이들은 직원에게 열심히 일하고 지시를 따르고 문제를 일으키지 말라고 요구하면서, 직원 복지에도 신경 쓴다. 관리자는 직원들과 관계를 맺고 개인 사정을 알아둔다. 중재자 역할을 할 수 있는 필리핀 관리자의 지지와 신뢰를 얻는 것도 중요하다.

아이가 아픈 경우처럼 직원에게 개인적으로 위급한 상황이 생기면, 관리자는 다소 유연한 근무 시간을 적용해줄 수 있다. 관리자를 이용하거나 사실을 숨기려는 직원은 신뢰를 저버리는 것이다. 관리자는 그 직원에게 화를 내며 징계를 내린다. 필리핀 여성들은 거리낌 없이 감정을 보이므로 여직원이 연관되면 눈물을 흘릴 가능성이 크다.

외국인 관리자는 외국인이 속았다는 이야기를 들으면 간혹 그런 개인적인 위급 상황이 진짜인지 궁금할 수 있는데, 이때 중재자가 매우 중요하다.

관리자는 직원을 질책해야 하는 경우, 다른 사람이 보지 않는 곳에서 해야 한다. 언어폭력을 용인하지 않는 필리핀 문화에서 공개적으로 비난하면 해당 직원에게 창피를 주게 된다. 사적인 자리일지라도 직원에게 대놓고 화를 내지 않도록 한다. 시간과 노력을 들여서 직원의 문제가 뭔지 알아낸 다음에 앞으로 어떻게 행동해야 할지 지침을 준다.

필리핀인의 가장 큰 장점은 명확한 지시를 잘 따르는 것이다. 그러므로 관리자는 직원에게 각자 어떤 일을 해야 하는지 정확히 알 수 있도록 해주는 것이 좋다. 필리핀인의 가장 큰 단점은 보고서와 관련 있다. 많은 필리핀인의 영작 수준은 영어 회화 실력과 일치하지 않고 일반적으로 면밀한 분석도 부족하다. 이는 질문하기보다 지시를 따르는 문화적 성향과 단순 암기를 요구하는 교육제도로 말미암은 결과라고 말할 수 있다. 따라서 직원이 대학을 졸업했어도 그 직원의 장단점은 서양에서 대학을 졸업한 직원과 다를 것이다.

또 다른 단점은 품질 관리에 관한 것이다. 필리핀인은 품질이 기대에 미치지 못했더라도 보통 작업 완료가 주요 목표라고 본다. '기계가 아주 잘 돌아가는데, 왜 돈을 쓸까?'라고 생각하며, 예방 차원의 유지보수 작업을 중요하게 여기지 않는다.

외국인이 필리핀 관리자의 관리방식을 그대로 택해야 한다는 말이 아니다. 외국인의 관리방식은 다를 거라고 기대한다. 마찬가지로 필리핀인에게 서양인처럼 일하길 기대할 수 없다. 하지만 필리핀인의 차이를 이해하고, 그들에게서 배우고, 필리핀인에게도 외국인에게 배우라고 권해야 한다.

외국인은 필리핀인의 삶에서 생일이나 가족의 죽음과 같은 부분에 적응해야 한다. 죽음은 정말로 슬픈 일이다. 유족의 동

• 분유에 들어간 바구미 •

아기용 분유를 만드는 공장의 외국인 관리자가 여름휴가를 떠났다. 일주일 후에 전화를 한 통 받았다. 분유에서 바구미가 발견되어 벌레를 퇴치할 때까지 분유 제조를 즉시 중단해야만 한다는 것이다.

그는 즉시 마닐라로 돌아와서 필리핀 공장장에게 물었다. 그 공장장은 벌레 번식을 막기 위해 매달 공장에 살충제를 뿌리는 업체를 담당하고 있었다. 하지만 지난달에 업체가 왔을 때, 공장장이 너무 바빠서 다른 날에 오라고 말했었다. 일주일 후에 공장장은 업체가 오지 않았다는 사실을 깨달았지만, 다음 달까지 겨우 3주밖에 남지 않았고 벌레 문제가 없는 것 같아서 업체에 연락하지 않았다. 그 회사는 바구미를 없애는 데 몇 주가 걸렸으며 엄청난 비용이 들었다.

그 공장장은 필리핀인의 관리 방식에 따라 스스로 알아서 일하는 독립성이 부족했다. 외국인 관리자는 공장장이 제대로 일하고 있다고 생각해서 한동안 그를 확인하지 않았다. 결과적으로 위에서 감시하지 않았기 때문에 해이해진 것이다.

료는 부모의 장례에 참석하고, 사무실에서 돈을 걷어서 장례 비용이나 근조 화환에 보태라고 부의금을 전달할 수 있다. 특히 직원의 배우자가 사망한 경우에는 부의금을 전달하고 빈소를 찾아가야 한다. 외국인 상사가 필리핀의 문화적 가치관과 관행을 이해하고 따르면, 직원은 효율성과 생산성을 향상하는 방법을 기꺼이 따를 것이다.

【 의견 차이의 표현 및 관리 】

필리핀 사람은 원만한 대인관계를 위해 노력하며, 직접적인 충돌이나 비난을 피한다. 이들은 관리자의 업무 목표와 의견이 맞지 않거나 특정 업무 수행에서 혜택을 못 받으면, 아무 말도 하지 않지만 일을 마치려고 아무 조치도 취하지 않는다. 최신 업무 진행 상황을 요청하면, 늦어진다는 핑계를 대며 가능한 한 빨리 일을 마칠 거라고 장담한다. 이때쯤이면 필리핀 관리자는 의논이 필요한 문제가 있다는 사실을 눈치챌 것이다.

외국인 관리자는 침묵이 반드시 동의한다는 뜻이 아님을 알아야 한다. 심지어 고개를 끄덕이며 "네"라고 대답해도, 단지 지시를 들었다는 뜻일지도 모른다. 왜냐하면 동의하기는커녕 제대로 이해하지도 못했을 수 있기 때문이다. 필리핀인에게는 이해하지 못한다고 인정하는 것이 너무 부끄럽고 히야(체면)와 아모르 프로피오(자존심)의 가치관에 맞지 않는다. 얼굴을 마주 보며 의견 차이나 건설적인 비판을 할 때는 "제의는 무척 흥미롭지만, ○○라고 생각하지 않나요?" 또는 "잘못이 있으면 지적해주세요, 다만…" 등의 말을 붙여서 부드럽게 한다.

외국인 관리자로서 직원의 대답이 어떤 뜻인지 의심된다면, 지시에 따라 업무가 차질 없이 진행되는지 확인해야 한다. 하지만 그렇게 하면 귀중한 시간이 소요되고, 업무 관계가 나빠질 수 있다. 그러므로 같은 부서의 선임 필리핀 직원과 친분을 쌓아두면 많은 도움이 된다. 선임 직원은 외국인 관리자에게 솔직한 피드백을 전하는 중재자 역할의 위치에 있으므로 그렇게 하도록 부추겨야 한다. 또한 선임 직원은 외국인 관리자에게 우려를 전하고 싶은 직원에게도 같은 방식으로 중재해줄 수도 있다. 냉정함을 유지하며 선임 직원을 통해 메시지를 전달하면, 긍정적인 결과를 얻을 수 있다.

연설과 발표

필리핀 사람은 유머 감각이 뛰어나고 여흥을 좋아한다. 순발력과 재치 있는 연설가는 금세 사람들의 호감을 얻는다. 전직 배우인 대통령 후보는 인기로 표를 얻는다. 당연히 이성과 이

념에 호소하는 후보는 지역감정이나 기존 지지층에 호소하거나 여흥을 제공하는 후보보다 적은 표를 얻는다.

연수 세미나에서 참가자의 주의를 끌어야 할 때는 유머가 유용한 수단으로 쓰인다. 아무래도 워크숍 진행자는 목표 달성과 참가자의 업무 연관성보다 오락적 가치에 더 중점을 두고 평가될 수 있다.

발표할 때 재미있는 얘기를 해서 청중과 친근한 관계를 쌓는 것은 좋은 방법이다. 외국인의 경우, 필리핀이나 필리핀 사람을 비난하지 않도록 조심하자. 필리핀 사람이 유머 감각이 있더라도 체면을 잃는다면 재밌어하지 않는다. 일단 청중의 관심과 긍정적인 태도를 얻으면, 훨씬 더 효과적으로 메시지가 전달될 것이다.

재미보다 사실에 기반한 정보를 더 많이 요구하는 경영진에게 발표한다면 상황이 조금 다르다. 그렇더라도 발표하는 사람이 유머를 섞으면 스스럼없고 가까워지기 쉬운 사람으로 보인다. 필리핀 사람은 비즈니스 파트너와 좋은 대인 관계를 맺고 싶어 하므로, 유머가 여전히 중요한 역할을 한다. 하지만 정치, 부정부패, 성, 종교와 같이 민감한 주제는 피하도록 한다.

• 동기부여 연설 •

외국인 부장이 150명의 직원에게 동기부여 연설을 하기로 했다. 그는 직원들의 노고를 치하하고, 열심히 일하라고 격려하며, 다음 해 계획을 간략하게 설명했다. 부장은 직원들이 우려 사항에 대한 피드백과 유용한 제안을 해주기를 바랐다.

부장은 문의 사항을 처리하기 위해 자리를 지켜야 하는 일부 직원을 제외하고, 90%의 직원이 참석해서 기뻤다. 몇 명의 직원이 고개를 숙이고 있고, 일부는 따분한 표정을 짓고 있다는 걸 눈치챘지만, 나머지는 주의를 기울이는 것 같아서 약 30분 동안 연설을 계속한 다음에 의견이나 질문이 있는지 물었다. 한 직원이 일어나서 공손하게 물었다. "저, 연봉 인상액은 언제쯤 알 수 있을까요?"

외국인 부장은 연봉을 담당하지 않았기 때문에 그 질문에 놀랐다. 하지만 짧게 답하고서 다른 질문이 더 있는지 물었다. 아무도 질문하지 않았다. 그가 "내년도 계획을 이해했습니까?"라고 묻자, 모두가 고개를 끄덕였다. "목표를 달성할 수 있다고 생각합니까?"라는 질문에도 모두가 고개를 끄덕였다. 부장은 직원들이 지지해주고 있다고 생각했다.

다음 해 부장은 사람들이 열심히 일하지 않아서 엄청난 좌절을 겪었다. 그는 직원들이 납득하지 못해 마지못해 지시를 따랐을 뿐이었다는 걸 깨달았다. 부장은 몇 가지 교훈을 배워야 했다.

- 필리핀인은 지시를 따르기 때문에 참석률이 매우 높다.

- 재밌는 일화가 없으면 청중은 곧 관심을 잃는다.

- 고개를 끄덕이거나 "네"라는 대답을 동의한다는 뜻으로 받아들여서는 안 된다. 직원은 상사에게 질문하거나 계획에 의구심을 드러내지 않는다.

- 필리핀인은 가족을 위한 급여에 곧바로 관심을 보인다.

- 필리핀인은 계획된 행동 방침의 이점을 충분히 이해하지 못하면, 늦어지는 이유로 변명을 늘어놓으며 열심히 일하지 않는다. 단도직입적으로 물어보면, 그제야 마침내 지시받은 일이 가치 있는지 의문을 제기한다.

- 솔직한 피드백을 주는 믿을 만한 선임 필리핀 직원을 두면 도움이 많이 된다.

회의와 협상

국제기관이나 다국적 기업에서 일하거나, 대신 회의를 잡아줄 영향력 있는 사람을 알아야, 필리핀 고위 간부와 회의할 수 있는 기회가 생긴다. 다시 말해 평판이 높은 회사에서 제대로 된 지위가 있거나 서로 아는 친구나 사업상 만난 사람을 통해 소개받은 경우에만 회의에서 만날 만한 사람인 것이다.

많은 다국적 기업은 고위급 회의를 주선하고 대신 중재할 수 있는 은퇴한 정치인이나 외교관을 통해 회의를 잡는다. 사업 성공의 비결은 당신이 아는 바를 설명할 수 있도록 기회를 마련해주는 아는 사람이다.

첫 회의에서는 친해지는 시간을 갖는다. 먼저, 경영진의 직함을 부르며 정식으로 인사한 다음에 명함을 건넨다. 첫 회의가 순조롭게 진행되면, 나중에 알아보려고 명함을 보관할 것이다. 회사 로고가 있는 작은 선물을 감사의 표시로 줄 수도 있다. 절대로 서둘러서 사업상의 논의를 하지 않는다. 첫 회의는 순전히 서로 알아가는 사교적인 자리와 같다.

그다음에 관계를 더욱 발전시키는 일반적인 대화를 나눈 후에, 점심을 함께하며 서로 관심 있는 비즈니스 문제를 꺼낼 수 있다. 하지만 비즈니스 논의는 많이 나누지 않는 편이다. 다음 회의에서 골프 게임을 하면 회의가 느리게 진행되는 것처럼 보일 수 있지만, 필리핀 경영진이 외국인에게 청렴함과 진실성 그리고 식견이 있다고 본다면 논의가 더 빠르게 진행될 수 있다.

외국인은 항상 필리핀의 비즈니스 방식을 존중하고, 시계를 본다든가 짜증 난 목소리를 내며 조바심을 드러내지 말아야 한다. 외국인은 관계가 발전함에 따라 진정으로 받아들인다는 뜻으로 식당이나 심지어 집으로 저녁 초대를 받을 수 있다. 비즈니스 관계를 이끄는 힘인 파키키사마는 관계가 발전하는 데 시간이 걸린다.

특히 외국인이 참여하는 비즈니스 회의에서는 일정대로 하려고 노력할 것이다. 외국인이 참여하는 회의에서는 내내 영어로 말한다. 그렇지 않으면, 영어와 필리핀어를 섞어서 토론한다.

외국인은 자기네 회사와 상대 회사 직원이 관련된 협상에 참석하면, 먼저 논의가 어떻게 진행되는지 지켜봐야 한다. 상대 회사의 최고 상급자는 결정을 내릴 권한이 확실히 있을까? 아니면 더 높은 경영진에게 이 문제를 회부해야 할까? 세부 사항이 논의됨에 따라 대부분의 참석자들이 각자 의견을 내놓다 보면, 분명히 회의가 길어질 수 있다. 그러면 주요 문제가 거의 논의되지 않은 것처럼 보일지도 모른다.

문제를 즉시 해결하라고 너무 심하게 몰아붙이거나 목소리를 높이지 말아야 한다. 그런 행동은 충돌을 피하는 필리핀인의 접근 방식을 이해하지 못할 뿐만 아니라 자신이 항상 옳다고 생각한다는 인상을 준다. 그러면 오만한 사람으로 낙인찍혀서 비즈니스 관계에 안 좋은 영향을 미친다. 인내심을 갖고 예의를 갖추도록 한다.

회의가 순조롭게 진행되면, 안건은 그 위의 상급자에게 넘어가고, 계약의 세부 사항을 상세히 설명하는 법률 서류가 준비된다. 이 단계는 더욱 빠르게 진행된다. 하지만 프로젝트가 실행되려면 항상 예상보다 더 오래 걸린다. 계약자들은 하청업체를 탓하고, 모두가 날씨와 교통뿐만 아니라 행정 절차 때문에 지연된다며 정부를 탓한다!

【부탁 들어주기】

필리핀의 비즈니스에는 '우땅나룹utang na loob(호의 갚기)'의 가치관이 널리 퍼져 있다. A가 어려운 상황에 처한 B를 도와주면, A

· 부탁 ·

나는 시험공부를 하다가 미국에서만 구할 수 있는 4권의 책이 필요하다는 사실을 알았다. 주문하면 몇 주나 걸려서야 도착하는데, 공부할 시간이 얼마 남지 않았었다. 작년에 시험을 본 필리핀 사람을 알고 있어서 그에게 책을 빌릴 수 있는지 물었다. 그는 선뜻 책을 빌려줬다.

얼마 후 그가 날 찾아왔다. 그는 지금 하는 일을 그만두고 다국적 기업에 들어가길 원했다. 그 회사에 아는 사람이 있으니, 그를 위해 잘 말해둘까? 필리핀 문화에서는 그가 유능하든 아니든 상관없이 호의를 갚는 수밖에 없다.

는 자신이 어려울 때 B가 도와주길 바란다. 그러므로 B는 부탁하기 전에 조심해야 한다. 그 대가로 어떤 부탁을 들어줘야 할지 모르니까 말이다.

관료주의와 부정부패

필리핀에서는 관료주의가 일을 빠르고 순조롭게 하지 못하게 막는 주요 장애물이다. 최종 승인을 받기 전까지 많은 서명이 필요한 절차가 많으며 시간이 걸린다. 하지만 기술 발달과 비교적 간소화된 서류 작업 덕분에 지난 몇 년간 절차가 크게 개선되었다. 그런데도 여전히 관공서 앞에서 긴 줄을 서며 오랫동안 기다려야 한다.

필리핀 방식인 관료주의를 건너뛰고 브로커를 이용하도록 한다. 브로커는 필요한 서류 작업을 처리하는 개인과 매일 접촉하는 중개인이다. 브로커는 적당한 사람에게 적당한 돈을 줘서 통관 절차를 빠르게 진행할 수 있다. 외국인이 개인적으로 관여한다면 훨씬 더 많은 대가를 기대하는데, 관여한 사람이 전부 뭔가를 받는다는 보장은 없다.

효율적인 서류 처리로 회사에 도움을 준 공무원은 크리스마스에 작은 선물을 기대한다. 선물을 받아야 하는 사람이 빠지지 않았는지 꼭 확인해야 한다!

이런 게 과연 부정부패일까? 필리핀에서는 이를 작은 뇌물이란 뜻의 라가이^{lagay}라고 부르는데, 완곡하게 표현하면 '설득력 있는 의사소통'과 '절차촉진 수수료'가 포함된다. 작은 규모의 라가이는 일반적으로 허용된다. 사무직 공무원은 급여가 너무 낮아서 가족을 부양하려면 추가 수익이 필요하다. 라가이를 받는 사람은 서류 처리를 빨리 해주는 대가로 여유 있는 사람에게서 돈을 받는 것과 관련된 윤리적인 사항보다, 가족이 더 중요하다고 본다. 한편 라가이는 상황에 따라 금액을 조정하는 차등제다. 더 높은 직급의 공직에서는 부정 이득이 더 심각할 수 있다. 선거는 당파 간 경쟁 때문이 아니라, 시장이 연관된 뇌물 때문에 종종 유혈이 낭자하다.

외국인은 어떤 부정부패 행위에도 연루되지 않도록 조심해야 한다. 부정부패는 필리핀 사람조차도 위험을 무릅쓰는 위험한 짓이다. 에스트라다 대통령은 너무 많은 욕심을 부린 것으로 드러나 자리에서 물러나야 했다.

일하는 여성

필리핀 사회는 여성이 전문가로 존경받고 훌륭한 경력 기회를 얻는다는 점에서 다른 대부분의 아시아 사회와 매우 다르다. 2020년에 필리핀 여성 임원 중 43%는 고위 관리직에 올라 있었다. 필리핀은 32개국을 대상으로 조사한 비즈니스 보고서에서, 최고 리더십 역할에 가장 많은 여성 임원이 오른 나라 중 1위로 뽑혔다. 필리핀에는 이미 2명의 여성 대통령이 있었다.

2020년에 아세안 대사에게 연설하는 마리아 클레오페 라요스 나티비다드

회사에서 외국인은 필리핀 여성이 일반적으로 남자보다 더 열심히 일하고 더 유능하므로 믿고 맡긴 일을 끝마칠 수 있다고 생각한다.

필리핀 남성이 얼마나 남자다운지를 보여주려고 가끔 싸움 질도 하는 반면에, 여성들은 가족을 고려할 때만 일에 집중하지 못한다. 사실 남자들은 집안의 가장이라는 인상을 심어주려고 애쓰지만, 대부분의 경우 여자들이 집안일을 결정하고 아이들을 훈육한다. 비슷하게 직장에서도 여성들은 솔선수범하며 창의적인 제안을 내놓으면서 리더가 되는 경우가 많다.

비즈니스 접대

대부분의 비즈니스 접대는 클럽이나 식당에서 이뤄진다. 음식과 술을 즐겨도 되지만, 너무 많이 먹지 않도록 한다. 주체하지 못하면 창피를 당한다. 많은 여성들은 가벼운 음료수만 마신다. 필리핀 사회에서는 남자들만 술을 마신다. 식사 후에는 노래를 부를지도 모른다. 함께 부른다면, 조금 음정이 맞지 않더라도 열띤 호응을 보여줄 것이다!

선물 주기

일반적으로 필리핀 사람은 수입품을 선물로 주면 귀하게 여긴다. 현지 고객을 기쁘게 하거나 중요한 관계임을 보여주고 싶다면, 비싼 브랜드 제품을 선물하도록 한다. 경험에 비춰보면, 회사 내에서 관리자는 일관된 가치를 유지해야 한다. 한 해에서 다음 해로 갈수록 생일이나 크리스마스 선물의 가치가 떨어지면 관계가 달라졌음을 알려주는 거라고 여길 수 있다. 다른 사람의 기분을 상하지 않으면서도 사무실 직급 중에서 누구에게 선물을 줄지를 정해야 한다. 적어도 비서에게는 생일과 크리스마스 선물을 주도록 한다. 확실하지 않으면, 자신의 생일에 커다란 케이크를 가져와서 모두와 함께 나눠 먹는다. 휴가를 갔다 오면, 작은 선물인 **빠살루봉**pasalubong(기념품)을 잊지 말고 모든 직속 부하에게 준다. 선물은 색깔만 다르고 모양이 똑같은 물건으로 모든 사람에게 줘야 한다.

인내와 인식

외국인 사업가가 필리핀에서 성공하려면, 우선 자신의 문화적 가치를 제쳐두고 본국에서 행했던 비즈니스 방식을 떨쳐버려야 한다. 열린 마음으로 필리핀의 비즈니스 접근 방식에 대한 가치관을 이해하고 인정하려고 노력하도록 한다. 그다음에 이를 받아들이자. 그렇게 하려면 인내가 필요하지만, 편안한 분위기에서 일하고 비즈니스 파트너와 함께 즐길 수 있으므로 그만큼의 가치가 있을 것이다.

09

의사소통

필리핀은 다양한 언어가 두드러진다. 지리 및 인구통계상의 이유로 얼마나 많은 언어와 사투리가 있는지 정확히 말하기는 어렵지만, 적어도 165개의 언어로 말한다. 영어, 스페인어, 아랍어를 제외하면, 전부 큰 오스트로네시아어족에 속한다. 인구의 대다수는 이 중에서 8개의 언어를 주로 사용한다.

언어

필리핀은 다양한 언어가 두드러진다. 지리 및 인구통계상의 이유로 얼마나 많은 언어와 사투리가 있는지 정확히 말하기는 어렵지만, 적어도 165개의 언어로 말한다. 영어, 스페인어, 아랍어를 제외하면, 전부 큰 오스트로네시아어족에 속한다. 인구의 대다수는 이 중 8개의 언어를 주로 사용한다.

타갈로그어는 1930년대부터 마닐라의 정치인들이 공용어로 내세워서 필리핀 전역에서 주요 의사소통 수단으로 쓰인다. 정치인들은 이론상 다른 필리핀어로 단어가 풍부해진 타갈로그어를 필리핀 언어로 만들 생각이었다. 특히 타갈로그어로 말하는 지역의 많은 필리핀 사람들은 오늘날에도 여전히 이 이야기를 믿고 있다. 하지만 언어학자가 보기엔 정치적인 이유로 필리핀어로 이름이 바뀌었을 뿐 언어는 타갈로그, 딱 하나뿐이었다. 비사야 제도에서 세부아노로 말하는 사람들은 사실 타갈로그어보다 세부아노를 모국어로 쓰는 사람이 더 많기 때문에 이런 시행에 많이 분개했다.

대부분의 사람들이 타갈로그어와 필리핀어를 구분하지 않고 쓰고 있고, 사전, 현금 자동 입출금기ATM, 공공장소 등에서

언어 및 사용하는 지역	
타갈로그어	루손섬 남서부의 마닐라
세부아노	세부와 민다나오 북부
일로카노어	루손섬 북부
힐리가이논어(일롱고)	파나이섬과 네그로스 서부
비콜어	루손섬 남부
와라이어	사마르와 레이테 일부
카팜팡안어	루손섬 중부의 팜팡가주
팡가시난어	루손섬 중부

두 단어를 볼 수 있다.

필리핀의 강한 지역감정과 다른 언어의 사용을 고려하면, 가사도우미는 항상 같은 지역 출신의 같은 언어를 쓰는 사람을 고용하는 편이 좋다.

【 필리핀어 】

1987년 헌법으로 공용어는 필리핀어로 개칭되었지만, 영어도 공용어로 지정되었다. 오늘날 첨단기술이 주도하는 세상에는 영어에서 유래한 단어가 계속 늘어나고 있다.

외국인은 필리핀에서 특히 메트로마닐라나 세부에서 필리핀어를 배우지 않아도 아주 수월하게 살아갈 수 있다. 그렇더라도 몇 구절을 익혀두면, 필리핀 사람은 외국인이 언어뿐만 아니라 필리핀 사람을 이해하려고 노력한다고 생각하며 매우 고마워할 것이다. 또한 상점에서 흥정할 때 필리핀어로 한 두 마디 말하면, 외국인 관광객이 아니라 지역 주민임을 눈치챈 판매원한테서 좋은 가격에 물건을 살 수 있다.

【영어】

영어는 미국의 영향으로 필리핀 전역에서 널리 쓰이며, 특히 교육받은 필리핀 사람이 많이 쓰고 있다. 택시 운전사는 한정된 영어로 말할지도 모르지만, 직장인들은 작문 실력이 기준보다 훨씬 낮더라도 상당히 능숙하게 말한다.

필리핀 사람은 대체로 미국 영화와 만나는 사람들이 대부분 미국식 영어를 쓰다 보니 미국 억양에 익숙해서 영국이나 호주 억양을 잘 이해하지 못할 수 있다. 외국인의 말을 이해하지 못하는 점원은 다시 한번 말해달라고 부탁하기보다 차라리 "재고가 없다"고 말한다.

1960년대에는 영어를 잘하는 필리핀인의 비율이 다른 아시아 국가보다 높았지만, 그 이후에는 학교에서 영어 회화 수업이 점차 줄어들고 다른 동남아시아 지역에서 집중적인 영어 교육이 증가하다 보니 이제는 그렇지 않다. 오늘날 정부는 영어가 국제 비즈니스에 필요하다는 사실을 알고서 학교에서 더 많은 영어를 쓰라고 장려하고 있다. 다음은 필리핀 사람이 독특한 의미로 쓰는 몇 가지 영어 단어다.

- 식사 초대^{Blowout}(원 뜻은 거창한 식사나 파티-옮긴이): 특히 생일에는 동료가 생일을 축하해주면 음식을 사야 한다. 음식을 대접하거나 점심이나 저녁 식사에 초대한다는 뜻으로 쓰인다.
- 정전^{Brownout}(원 뜻은 절전 시기나 등화관제-옮긴이): 보통 낮에 일어나는 정전을 뜻하며, 꽤 자주 일어난다.
- 글쎄요^{Maybe}: 이 말은 일반적으로 "아니요"라는 뜻이다. "내일까지 그 보고서를 끝낼 수 있습니까?"라는 질문에 "글쎄요" 또는 "해볼게요"라고 대답하면, 돕고 싶지만 할 수 없을 거라는 뜻이다. 그 보고서는 내일까지 끝마치지 못한다는 뜻으로 이해해야 한다. 필리핀 사람은 노골적으로 상대방의 기분을 상하고 싶어 하지 않기 때문에 직접적으로 "아니요"라고 말하는 경우가 드물다.

- "아니요"라는 뜻의 네[Yes]: 완전히 언어적으로 보면 "네"는 부정적인 말에 동의한다. "파티에 가지 않을 겁니까?" "네." "콘서트 티켓이 없지요?" "네." 두 경우의 "네"는 "당신 말이 맞다, 난 파티에 가지 않을 거다"와 "맞다, 난 콘서트 티켓이 없다"라는 말에 동의한다는 뜻이다. 회사에서 상사가 "그 보고서 늦지 않을 거죠?"라고 물으면, 영국식 영어로는 "네[No], 늦지 않을 겁니다"라고 대답하는 반면에, 필리핀에서는 같은 뜻으로 "네[Yes]"라고 대답한다.

하지만 일반적인 문맥에서 "네[yes]"는 광범위한 문화적 의미가 있는데, 이는 필리핀인이 말하는 내용의 진짜 뜻에 영향을 미친다. 필리핀 사람은 실망이나 대립을 피하려고 실제로 동의하지 않으면 선뜻 "네"라고 말한다. 이렇게 말하는 이유는 상대방을 기분 좋게 하거나 그냥 대화를 끝내기 위함일 수 있다. 필리핀인은 어떻게 말해야 할지 잘 모를 수 있다. 구두계약은 문화적으로 더 받아들여야 나오는 반응이다. 정말로 "네"라는 의미인지 확인하려면, 필리핀인이 고개를 끄덕이거나 목소리 톤에 열정이 있는지와 같은 힌트를 찾아본다.

【 스페인어와 중국어 】

스페인 지배가 끝난 지 100년 이상이 지났어도 스페인 혈통의 일부 필리핀 사람은 아직도 집에서 스페인어로 말한다. 이들은 집안에서 정치나 상업적 영향을 유지하는 편이다. 점차 스페인어 사용이 줄어들고 있기는 하지만, 콜센터 상담원들은 급여를 2배로 올리고 싶어서 스페인어를 많이 배우고 있다(콜센터 상담원은 미국에서 걸려 오는 스페인어 사용자에게 서비스를 제공한다).

중국인은 약 1000년 동안 필리핀에 이주해왔으며 강력한 상인 계층이다. 중국인들은 대체로 같은 중국 사람들끼리 결혼한다. 젊은 세대가 이런 풍습을 바꾸고 있더라도 말이다. 이들은 아직도 집에서 푸젠어(푸젠은 중국 동남부 지역-옮긴이)를 쓴다.

【 언론에서 쓰는 언어 】

진지한 신문은 인쇄물과 온라인에서 영어를 쓰지만, 가십에 치중하는 선정적인 신문은 타갈로그어를 쓴다. 필리핀인은 말할 때도 이를 구분한다. 경제나 정치를 얘기할 때는 영어를 선호하고, 개인적인 일을 얘기하거나 농담을 할 때는 타갈로그어로 바꿔서 말한다.

언론의 자유를 이끈 민주주의는 폭넓은 정치적 견해, 탐사

보도, 정부 정책의 비판 등을 다루는 언론에서 매우 선명히 드러난다. 사실과 견해를 구별하려고 할 때는 정치적 편향성을 고려해야 한다. 반면에 외국인은 사설을 통해 필리핀 문화를 깊이 이해하고 필리핀인의 사고방식에 대한 통찰력을 얻을 수 있으므로, 사설을 읽으면 많이 깨닫게 된다.

텔레비전에는 영어와 필리핀어로 된 다양한 프로그램이 있다. 하지만 외국인에게는 '영어' 뉴스가 불만스러울 수 있다. 기자가 영어로 질문하면, 필리핀어로 말하거나 필리핀어로 몇 개의 단어나 구절을 섞은 영어(이를 '타글리시'라고 부름)로 대답할 수 있다. 마찬가지로 아주 유명한 사람을 인터뷰한 프로그램은 영어와 필리핀어가 섞일 수 있다. 필리핀어와 영어를 바꿔서 말하는 전환은 꽤 자연스럽게 나오며 매일 직장생활에서 일어난다.

대면 소통

의사소통은 다양한 수준에서 일어난다. 말에는 문화적으로 중요한 의미가 들어 있으므로 불쾌하게 하지 않으려면 정확한 말을 선택하는 것이 중요하다. 적절한 말투는 존경을 표현하며, 보디랭귀지는 필리핀 문화에서 더욱 중요하다.

【호칭】

필리핀 사람은 권위를 매우 존중하므로 부르는 사람의 지위에 상당한 경의를 표할 것이다. 이는 비즈니스 관계와 사회 전체에 적용된다. 따라서 사무실 직원은 보통 관리자를 '○○님'이나 '○○부인'이라고 부른다. 친숙함을 의미하는 이름 부르기는 전통을 따르는 필리핀 사람에게는 연공서열에 부여된 지위를 깎아내리는 일이다. 외국인 아내가 가사도우미에게 이름으로 부르라고 말하면, 가사도우미는 어색해하며 견디지 못할지도 모른다.

어떤 사람은 예를 들어 '브라운 박사님'처럼 의사라는 직함으로 불리는 게 익숙할 수 있다. 필리핀에서는 다른 전문직 직종에도 적용되어, '구티에레스 엔지니어,' '림 건축가,' 또는 '산투스 변호사' 같은 식으로 부른다. 필리핀 사람과 친구가 되기 전까지는 이름으로 부르지 않도록 한다. 마찬가지로 '비나이 시장님'이나 '시장님'처럼 공직에서 맡은 중요한 직책에 따라 직위를 함께 부른다. 자격을 가진 사람에게 자부심을 주기 위해서 이렇게 부른다. 하지만 이런 관행은 예상 가능한 수준을 넘어선다. 손님이 종업원의 주의를 끌고 싶거나, 테니스 선수가 공 줍는 소년에게 물을 가져다 달라고 하고 싶을 때, "보스!"라고 부를 수 있다. '보스'라는 호칭은 상대방에게 자부심을 줌으로써 부드럽게 일을 시켜 기분 상하지 않게 한다.

연장자에게도 존경을 표한다. 젊은 사람은 나이 든 필리핀 사람을 '뽀Po'라고 부른다. 판매원도 나이 든 외국인에게, "감사합니다, 뽀"라고 말한다. 따라서 그런 의미로 '뽀'는 필리핀식의 '○○님Sir'이다.

한편 일부 거리의 부랑자들은 백인 남성에게 "안녕, 조"라고 부를지도 모른다. 조Joe는 제2차 세계대전 당시에 미군 병사가 '지아이 조GI Joe'로 알려졌기 때문에 생겨났다. 이 말이 거슬릴 수 있지만, 기분 상하게 하려는 의도는 아니다.

비언어적 의사소통

【 말투와 목소리 】

직원이나 지인에게 큰소리를 치면, 자존감을 떨어뜨려서 그들과의 관계를 곧장 망칠 뿐만 아니라, 동시에 싸우기 좋아하고 거만한 사람이라는 것을 보여주게 된다. 욕까지 내뱉는다면, 밀투와 큰소리에 더해져서 상황이 악화한다. 누군가를 비난해야 한다면, 다른 사람이 없는 곳에서 크게 야단치지 말고 해야 한다. 단호하되, 예의를 지키도록 한다.

【인사】

필리핀 사람을 소개받으면 악수를 하도록 한다. 잘 아는 여성이라면, 양쪽 뺨에 입을 맞추거나 그냥 닿기만 하는 베소베소(입맞춤)를 해도 괜찮다. 아로요 대통령은 다른 사람이 보는 데서 한 장관과 베소베소를 했다는 이유로 비난을 받았다. 하지만 외국인들 사이에서 입맞춤은 일반적인 인사다.

　보통 필리핀에서는 예를 들어, 동료의 아들이 존경을 담아 마노 뽀mano po라고 인사한다. 아이는 어른이나 존경하는 교수나 신부에게 고개를 숙이고, 어른의 손을 가져와서 공손하게 자기 이마에 댄다. 이런 인사법은 동양과 서양의 전통이 합쳐진 것이다. 특히 일본에서는 존경의 표시로 고개를 숙여서 인사한다. 동양의 다른 나라에서는 존경하는 사람의 손에 입맞춤도 같이한다. 서양적인 부분은 스페인 점령 시대에 성직자에게 존경을 보이는 습관에서 비롯되었다('마노'라는 말은 스페인어로 '손'이라는 뜻이다). 가톨릭 사제와 수녀는 교황의 반지에 입맞춤함으로써 자신의 충성을 다짐하고 교황의 권위를 인정한다. 마찬가지로 스페인의 성직자는 같은 인사법을 도입했다.

【 보디랭귀지 】

필리핀 사람은 보통 다양한 몸짓이나 표정으로 의사소통을 높이거나 존경을 보인다. 어떤 행동은 무례하다고 여긴다. 자신의 문화적 배경에 따라 불쾌하게 하거나 오해하지 않도록 무례한 행동을 알아둬야 한다.

효율적인 의사소통은 쌍방으로 이뤄져야 한다. 따라서 외국인은 자신이 하는 말이 반드시 모든 내용을 다 말하는 게 아니므로, 어떤 메시지가 전달되는지 이해하는 법을 배워야 한다. 또한 노골적으로 말하지 않도록 조심하고 가능한 충돌을 피해야 한다는 점을 인정하면서, 대화 상대방인 필리핀 사람의 체면을 잃지 않도록 해야 한다.

필리핀 사람은 예의상 서로 얘기 중인 두 사람 사이로 걸어가지 않는다. 필요하면 그렇게 하겠지만, 고개를 숙이고 무릎을 구부리며 한 손을 앞으로 내민다.

필리핀 사람은 신체적으로 낯선 사람을 조심하지만, 친구에게는 완전히 다르게 대한다. 여자아이들은 흔히 손을 잡고 걸어 다니고, 의심할 여지 없이 동성애자로 보이는 남자끼리는 서양인보다 신체적 접촉을 더 많이 한다.

눈썹을 올렸다 내렸다 하는 것은 누군가에게 인사하는 필리핀 인사법이다. 대개 웃으면서 친근하게 "안녕"이라고 말한다. 그렇지 않으면, 눈을 똑바로 쳐다보지 않도록 한다. 잠깐 쳐다본 다음에 눈길을 돌린다. 빤히 쳐다보는 것은 무례하다고 여긴다. 고개를 뒤로 젖히며 눈을 마주치면, 도전의 뜻으로 받아들여질 수 있다. 필리핀인은 종종 입을 삐죽거리거나 눈알을 굴려서 공격 방향을 가리킨다.

【미소】

필리핀인은 흔히 행복하게 웃는 민족으로 보지만, 웃음으로 만족감이 아닌 많은 다른 감정을 전한다. 필리핀 사람은 당황스럽거나, 혼란스럽거나, 미안해하거나, 비난하거나, 의견이 맞지 않을 때 미소 짓는다. 그들은 대립을 피하고 싶어 하며, '체면을 잃는 것'을 염려한다. 필리핀인은 실수할 때 상대방이 화내지 않길 바라며 미소 짓는다. 점원이 손님을 돕지 못하거나 무슨 말인지 이해하지 못하면 미소 지을 것이다. 종업원은 와인 잔을 엎지르면 미소 지을 것이다. 당신이 실수한다면, 필리핀 사람은 미소 지으며 당신이 품위를 회복하길 기다릴 것이다. 필리핀 사람이 비웃거나 실수를 신경 쓰지 않는다고 생각하지는 말아야 한다.

서비스

【전화】

메트로마닐라에서는 처음에 사용료를 낸 후에 시내 통화 요금을 내지 않는다. 선천적으로 매우 사교적인 필리핀 사람들은 몇 시간 동안 통화할 것이다.

오늘날에는 거의 모든 사람이 휴대폰을 쓴다. 문자를 보내는데 1페소의 비용이 들지만, 휴대폰 문자 대신에 바이버Viber 나 왓츠앱WhatsApp과 같은 앱을 많이 쓰인다. 휴대폰 비용은 미국과 영국보다 상당히 저렴하다. 제2차 에드사 혁명EDSA II 당시에 사람들이 친구에게 전화나 문자를 보내서 집회에 동참하라고 촉구했기 때문에, 엄청나게 많은 군중이 에드사에 있는 성지에 매우 빠르게 모였다. 필리핀인은 이때가 문자 메시지로 부패한 지도자를 타도한 최초의 혁명이라고 주장한다. 정치인에 대한 농담과 소문도 문자 메시지로 빠르게 퍼진다.

반면에 휴대폰은 도둑이 쉽게 노리는 대상이다. 소매치기로 훔칠 뿐만 아니라 지프니와 버스에서도 도둑이 칼이나 총을 꺼내서 승객이 휴대폰을 넘겨줄 때까지 위협한다. 공공장소에서는 휴대폰을 사용하지 않는 편이 가장 좋다.

【 인터넷과 소셜 미디어 】

인터넷 카페는 이메일을 흔하게 쓰다 보니 인기가 많다. 필리핀은 젊은 세대가 꽤 많은데, 이 중 많은 젊은이들이 일상생활

중에 항상 인터넷을 쓴다. 심지어 온 가족이 저녁 식사를 하는 동안에 서로 말하지 않고 각자 기기를 쓰는 모습을 볼 수 있다. 이렇게 짜증 나는 습관 때문에 사람들은 가끔 업무 회의나 연수 도중에 스마트폰을 쓰기도 한다.

필리핀인이 선뜻 소셜 미디어에 공유하는 정보는 가끔 서양인의 기준으로 보면 너무 개인적인 일이기도 하다. 온라인에 가족이 죽은 일이 올라오면, 애도의 뜻을 표하고 장례식장을 방문해야 한다. 흔히 새 파트너가 생기거나 어떤 이유로 슬프거나 슈퍼마켓이나 사무실에서 일어난 사건으로 화가 났다는 일 등은 친척과 친구에게 지지를 얻어내려고 공개적으로 게재한다. 실제로 만나면 신중한 많은 필리핀 사람이 온라인에서 매우 다르게 행동하는 모습을 꽤 자주 본다. 특히 정치나 종교에 대한 공개 토론은 아주 불쾌한 일로 불거질 수 있으므로 피하는 쪽이 좋다. 또한 필리핀인은 외국인이 필리핀과 필리핀 사람에 대해 달갑지 않은 뉴스를 게재하면 쉽게 화를 내기도 한다. 특정한 사람과 관련이 없는 내용이더라도 소셜 미디어에서 논쟁이 일어나면 아주 빠르게 우정에 금이 갈 수 있다.

실용적인 이유 때문에라도 메시지를 읽었는지를 확인할 수 있는 페이스북 계정을 갖고 있는 게 좋다. 예를 들어 임대할 콘도 혹은 집을 찾거나, 물건을 사고파는 일처럼 긴급하게 어떤 사람과 연락할 때 요긴하게 쓸 수 있다.

다른 나라로 옮기기 전에 빨리 물건을 팔거나 그냥 언어를 배워야 하는 사람들이 가입해야 하는 외국인 그룹이 있다. 앞서 언급했듯이 병원은 늘 상비용 혈액이 부족하므로, 특정 혈액형을 지닌 사람이 페이스북 그룹에 있으면 전화 한 통화로 생명을 구할 수 있다.

인스타그램은 주로 여성들이 쓰며, 트위터는 전문직이나 교육을 많이 받은 사람들이 쓴다. 하지만 이용자를 거의 독점하고 있는 소셜 네트워크 서비스는 페이스북이다. 문자를 보낼때는 왓츠앱보다 바이버를 더 많이 사용한다. 237페이지의 부록을 참조한다.

【 우편 】

편지를 보내고 싶으면 우체국에 가야 한다. 우편 서비스는 지난 몇 년간 효율성과 신뢰성이 상당히 개선되었지만, 아직은 조심하는 편이 좋다. 예를 들어 우체국 직원이 신용카드를 발견한 후 훔쳐서 부정하게 사용하는 사례가 종종 있다.

민간 운송회사를 이용하는 방법도 있다. LBC 운송회사는 필리핀 전역을 대상으로 배달하고 매우 저렴하기 때문에 인기가 가장 많다. LBC 사무소는 다른 사람에게 돈을 보내거나 청구서 비용을 낼 때 이용할 수 있다.

같은 도시에서 뭔가 빨리 보내고 싶으면, 가장 빠르고 저렴한 방법은 라라무브Lalamove나 그랩Grab과 같은 앱을 사용하는 것이다. 이들 앱은 매우 신뢰할 만하다.

결론

필리핀 사람들은 따뜻하게 반갑게 맞이하고, 사람들과 어울리기 좋아하고, 근면하고, 회복력이 좋다. 또한 비난과 체면 손상에 매우 예민하다. 이 책에서는 만나는 사람과 좋은 관계를 쌓고, 정중하게 환대하는 친구를 사귀고, 이렇게 아름답고 매력적인 섬나라에 몇 번이고 다시 돌아올 충분한 이유가 생기는 통찰력과 정보를 주고자 했다.

유용한 앱

【 교통수단 】

그랩(Grab) 택시 운전사는 목적지에 따라 승차 거부를 자주 한다. 그럴 경우에는 그랩을 이용한다. 온라인 택시 예약 서비스인 그랩은 가격에 따라 다양한 종류의 차량을 제공한다. 하지만 가격이 갑자기 급등할 수 있는 혼잡한 출퇴근 시간에는 예약하기가 힘들 수 있다. 또한 그랩에는 오토바이로 서류를 빠르게 배송하는 서비스도 있다.

앙카스(Angkas) 교통 체증이 심하고 급할 경우에는 오토바이 라이딩 공유 서비스인 앙카스를 이용하면 시간을 단축할 수 있다. 저렴한 비용에 마스크를 무료로 준다. 하지만 헬멧은 불특정 다수의 사람들이 사용할 테니, 생각보다 깨끗하지 않을 수 있다.

조이라이드(Joyride) 또 하나의 믿고 탈 수 있는 오토바이 택시 서비스다.

라라무브(Lalamove) 선물, 서적, 서류 등을 배송한다. 매우 믿을 만하고 저렴한 배송 서비스 앱이다.

무빗(Moovit) 마닐라에서는 무빗으로 길을 찾는다. A에서 B까지 가는 자세한 경로뿐만 아니라, 실시간으로 버스와 기차 시간표를 알 수 있다.

웨이즈(Waze) 운전할 때 웨이즈 앱을 이용하면 가장 빠른 길로 갈 수 있다. 웨이즈는 많은 시간이 걸리는 구글 지도보다 더 믿을 만하다.

【 의사소통 】

바이버(Viber) 미국과 유럽에서는 왓츠앱이 메시지 서비스를 독점하고 있지만, 필리핀에서는 바이버를 더 좋아한다. 특히 해외에 가본 적이 없는 필리핀 사람들이 많이 이용하고 있다.

위챗(Wechat) 위챗은 왓츠앱 대신에 쓸 수 있지만, 중국 커뮤니티에서만 사용한다.

【 쇼핑 및 음식 】

라자다(Lazada)와 쇼피(Shoppee) 경쟁사인 이 두 온라인 매장은 필리핀의 아마존이라고 할 수 있다. 대부분의 제품은 중국에서 만들어졌고 며칠 안에 배송할 수 있다. 가습기, 아기 띠, 자동차용 카메라와 같은 물건을 사야 한다면 쇼핑몰에 갈 필요 없이 여기에서 싼 가격에 살 수 있다.

푸드판다(Foodpanda) 집에서 요리하고 싶지 않거나 교통 체증 때문에 외식하고 싶지 않을 때 선택하면 편리한 음식 배달 앱이다. 거의 모든 괜찮은 술집이나 식당에서 음식을 주문할 수 있으며, 이 앱에서 주문할 경우에만 할인이 적용된다.

어니스트비(Honestbee) 식품점에 갈 시간이 없으면, 이 식료품 배달 앱을 쓰면 된다.

메트로딜(Metrodeal) 식당, 호텔, 스파, 쇼핑, 여행 등에 할인 혜택을 제공하는 소셜커머스 할인 쇼핑몰이다.

조마토(Zomato) 식당에 가기 전에 이 식품 배달 앱에서 프로모션을 확인하면 좋다.

참고문헌

필리핀에 관한 책을 찾기에 가장 좋은 장소는 마닐라의 파드레 파우라 거리에 있는 라 솔리다리다드 La Solidaridad 서점이며, 유명한 소설가인 프란시스코 시오닐 호세가 서점 주인이다.

필리핀 사람들

Francisco Douglas, Deborah. *Somewhere in the Middle: A journey to the Philippines in search of roots, belonging, and identity*. Peaceful Mountain Press, 2019.

Joaquin, Nick. *Culture and History*. Pasig City, Philippines: Anvil Publishing, 2004.

Zialcita, Fernando. *Authentic Though Not Exotic: Essays on Filipino Identity*. Quezon City: Ateneo de Manila University Press, 2007.

역사와 비즈니스

Agoncillo, Teodora A. *The Revolt of the Masses: The Story of Bonifacio and the Katipunan*. Manila: University of the Philippines, 1996.

Canlas, Luzano P. *Philippines' 2 Millenium History*. Maryland: Goodlife Publishing, 2000.

Karnow, Stanley. *In Our Image: America's Empire*. New York: Ballantine Books, 2018.

Francia, Luis H. *History of the Philippines: From Indios Bravos to Filipinos*. New York: Harry N. Abrams, 2013.

Phelan, John Leddy. *The Hispanization of the Philippines*. Madison: University of Wisconsin Press, 2010.

Scott, William Henry. *The Discovery of the Igorots*. Quezon City: New Day Publishers, 2006.

Whitman, John W. *Bataan. Our Last Ditch: The Bataan Campaign, 1942*. New York: Hippocrene Books, 1990.

Woods, David L. *The Philippines: From Earliest Times to the Present*. Michigan: Association for Asian Studies, 2018.

여행과 레저

Insight Guide: Philippines. London: Insight Guides, 2018.

Harding, Paul, Greg Bloom and Celeste Brash, et al. *Lonely Planet: Philippines*. Melbourne/Oakland/London/Paris: Lonely Planet Publications, 2018.

Newman, Yasmin. *7000 Islands: Cherished Recipes and Stories from the Philippines*. London: Hardie Grant, 2019.

Ponseca, Nicole and Miguel Trinidad. *I Am a Filipino: And This Is How We Cook*. New York: Artisan Books, 2019.

Complete Tagalog. New York: Living Language, 2014.

지은이

그레이엄 콜린-존스

영국 출신의 언어학자로 국제기구에서 일하고 있다. 15년간의 필리핀 생활을 비롯한 수년간 아시아 문화에 살면서 일했다. 현재는 아시아개발은행, 세계은행, 국제통화기금의 컨설턴트 편집자로 있다.

이본 콜린-존스

싱가포르 출신의 사회학자이자 인사관리 경력을 지닌 코치이자 다문화 트레이너다. 3개 대륙에서 생활한 경험이 있고, 다문화이면서 전 세계로 이동하는 사람들과 함께 일하고 있다.

조르즈 모하로

살라망카 대학에서 박사 학위를 받은 스페인 학자로, 마닐라에 있는 산토 토마스 대학교에서 가르치면서 연구하고 있다. 조르즈는 아주 많은 필리핀 지역과 동남아시아를 여행하면서 비즈니스 월드와 마닐라 타임스와 같은 필리핀 신문을 비롯해 일반 출판물과 학술지에 글을 기고했다.

옮긴이

한성희

텍사스 A&M 대학교 석사과정에서 저널리즘을 전공했다. 현재 엔터스코리아에서 전문 번역가로 활동 중이다. 주요 역서로는 『최강 블로러 전략 가이드북』, 『온난화라는 뜻밖의 횡재: 기후변화를 사업기회로 만드는 사람들』, 『잠재력을 깨우는 7가지 코칭 기술: 비즈니스를 위한 코칭 리더십 바이블』 외 다수를 번역했다.

세계 문화 여행 시리즈

세계의 풍습과 문화가 궁금한
이들을 위한 필수 안내서